Magische Orte, versunkene Welten

Rainer-Maria Weiss
Michael Zapf

Magische Orte, versunkene Welten

Burgen und Schlösser in und um Hamburg

Ellert & Richter Verlag

Meiner lieben Mutter, die von Bayern aus
das Geschehen in Hamburg
seit vielen Jahren liebevoll begleitet.
Rainer-Maria Weiss

Meinen lieben Eltern.
Sie haben mir die Augen für unsere
schöne Welt geöffnet.
Michael Zapf

Vorwort

Burgen und Schlösser in und um Hamburg – so lautet der Untertitel des vorliegenden Buches. Der Leser mag nun überrascht sein ob des Seitenumfanges, denn die Erwartungshaltung dürfte angesichts des Themas eher einer schmalen Broschüre entsprechen. Schließlich nimmt man gemeinhin an, dass in Hamburgs Innenstadt weder eine Burg noch ein Schloss steht, und auch das Umland bietet nur wenige ritterliche und adlige Baudenkmäler. Aber weit gefehlt! Verleger und Autoren haben nämlich den Blick geweitet und stellen nicht nur die altbekannten Sehenswürdigkeiten vor – oft genug Schauplätze des Schleswig-Holstein Musikfestivals oder heimeliger Weihnachtsmärkte –, sondern begeben sich auf die Spuren versunkener Schlösser, verborgener Burgen und historisch bezeugter Anlagen, die oft nur mehr als archäologisches Bodendenkmal überliefert sind. So entsteht das Bild einer regelrechten Burgenlandschaft an Elbe, Alster und Bille, deren älteste die namengebende Hammaburg im Herzen der Hansestadt ist und deren Nachfolger – die Neue Burg – im Jahr 2023 das eintausendjährige Jubiläum ihrer Fertigstellung feiert. Wie bei zahlreichen anderen Befestigungen konnte ihre überaus spannende Geschichte erst jüngst durch akribische archäologische Forschung entschlüsselt werden.

Manches Schloss – man denke an Bergedorf, Winsen, Reinbek oder Ahrensburg – prägt bis heute seinen Standort. Manch anderes wurde in kriegerischen Auseinandersetzungen niedergebrannt oder schlichtweg Opfer schnöder Grundstücksspekulation. Eines aber haben alle Burgen und Schlösser gemein: Es sind magische Orte, an denen man in versunkene Welten eintauchen kann. In die Zeit der sächsischen Herzöge, des mittelalterlichen Hochadels, der Kreuzritter und Feldherren. Päpste, Kaiser und Könige waren in den Gemäuern zu Gast, Heerführer und Raubritter kämpften um die Burgen, und große Liebschaften entschieden über das Schicksal so manches Schlosses.

Doch nicht nur die Gebäude und ihre Bewohner stehen im Mittelpunkt dieses Buches, sondern ebenso ihr Umfeld: Parklandschaften, Wasser- und Windmühlen, historische Brücken, Fachwerkhäuser, Denkmäler und zahlreiche andere Sehenswürdigkeiten werden vorgestellt und regen zu einem Besuch an.

Schloss und Burg

Ceci n'est pas un château

Jedermann kennt Schloss Neuschwanstein im Allgäu, das Paradeschloss des bayerischen Märchenkönigs, ebenso wie die Burg Eltz nahe der Mosel in Rheinland-Pfalz, die einst den 500-D-Mark-Schein zierte. Niemand käme auf die Idee, Neuschwanstein als Burg zu bezeichnen, aber was unterscheidet eigentlich eine Burg von einem Schloss, und was ist ein Herrenhaus? Und warum steht in Ahrens*burg* ein *Schloss*?

Die heutige landläufige Vorstellung von einer *Burg* bedient zweifelsohne überwiegend das romantisierende Klischee einer wie auch immer gearteten *Ritterburg*: Unverzichtbare Zutaten sind Türme, Erker, Spitzdächer, Tore und Zugbrücken. Solch eine malerische Burg gibt es tatsächlich auch in Hamburg, wenn auch im Miniaturformat. Sie zeigt beispielhaft die Beliebigkeit der Begriffe, denn ihr Bauherr nannte sie 1887 Burg Henneberg, während ihr aktueller Eigentümer die Bezeichnung Alsterschlösschen für werblich geschickter hält. Ein Restaurant in einem hübschen Backsteinbau neugotischer Prägung in der Hamburger Speicherstadt nennt sich allein aufgrund

Das wegen seiner verspielten Architektur als Wasserschloss bezeichnete Gebäude wurde zwischen 1905 und 1907 errichtet. Ursprünglich wohnten und arbeiteten hier die Windenwärter der Hamburger Speicherstadt, die die Seilwinden in den Giebeln der Speicher in Schuss hielten.

der Erker und Türmchen Wasserschloss, was die Beliebigkeit aufzeigt.

Was jedoch verstand man im Mittelalter unter einer Burg und seit wann wird dieser Begriff verwendet? Etymologisch ist das Wort sehr interessant, handelt es sich doch um eine ursprünglich germanische Bezeichnung, die von den Römern seit der Spätantike als Lehnswort *burgus* ins Lateinische für kleine turmartige Kastelle übernommen worden ist. Schon das griechische *pýrgos* (πύργος) bedeutete *Turm, Mauer, Burg*. Da es im Frühen Mittelalter aber noch keine Unterscheidung zwischen Burg und Stadt gab, wurde mit *burg* ein befestigter Ort umschrieben. *Hammaburg* war demnach nicht der Ringwall allein, sondern die gesamte Siedlung einschließlich Burg, Hafen und Kirche.

Erst im 12. Jahrhundert beginnt sich das Verständnis für die eigentliche Burg (*burg/burc*) und die sie umgebende Stadt (*stat*) aufzutrennen. Das entscheidende Kriterium einer Burg war das Burgtor, das ja nur im Zusammenhang mit einer Befestigung sinnstiftend ist. Erst das Burgtor unterscheidet zwischen drinnen und draußen, zwischen Eingelassenwerden und Außenvorbleiben, zwischen Schutz und Ausgeliefertsein. In dieser Rolle wird die Burg einerseits zu einem Ort des Schutzes und der Verteidigung, andererseits zu einem nur privilegierten Personen vorbehaltenen Ort der Macht und Herrschaft.

Hier kommt das Schloss ins Spiel, denn das Burgtor verfügt natürlich über einen Riegel und kann durch ein Schloss gesichert werden.

Im Laufe der Zeit verschwammen die Begriffe und es hat sich eingebürgert, einer Burg wehrhaftes Aus-

Burg Henneberg ist eine künstliche Ruine an der Alster im Hamburger Stadtteil Poppenbüttel, errichtet 1884 – 1887 im Maßstab 1 : 4 nach einem gleichnamigen Vorbild in Thüringen.

In Bergedorf steht Hamburgs schönstes Schloss, umgeben von dem idyllischen Schlossgarten, der bereits seit 1926 als Landschaftspark Denkmalschutz genießt.

sehen und mittelalterliche Entstehung zuzuschreiben, während Schlösser als unbefestigte, aber herrschaftlich aussehende Repräsentationsgebäude des Adels aufgefasst werden. Ursprünglich hatten nur die Residenzen der Landesherren, also des Königs bzw. der eingesetzten Herzöge, das Privileg, als Schloss bezeichnet zu werden. Ausnahmen wurden aber bereits im 17. Jahrhundert gemacht, wenn der Hausherr einflussreich genug war. Und so hat auch Ahrensburg ein prächtiges Schloss, dessen Vorgängerbau im nahen Arnesvelde noch eine Burg war, ebenso wie Schloss Bergedorf, das auf den Fundamenten einer Wasserburg steht.

Lateinische Urkunden sprechen übrigens vom *castellum*, von dem sich das *Kastell* ableitet, ebenso wie das englische *castle* und das französische *château*, was wiederum mit *Schloss* zu übersetzen ist, womit sich der Kreis schließt.

Schloss Ahrensburg ist eigentlich ein Herrenhaus der Familie Rantzau, wird aber bereits seit dem 18. Jahrhundert als Schloss bezeichnet.

Folgende Doppelseite: Schloss Reinbek ist eine Perle der norddeutschen Renaissance und vorbildlich renoviert, umgeben von einem wunderschön angelegten Landschaftspark.

Zwei Burgen und ein Irrtum

Hamburgs Anfänge
Hammaburg, Neue Burg, Bischofsburg

Die Hammaburg

Sie gab Hamburg ihren Namen und war die Machtzentrale des Mittelalters für den ganzen Norden

Keine Burg im Norden hat eine so spannende Forschungsgeschichte und keine Burg im Norden ist historisch so bedeutend wie die Hammaburg, die der Stadt Hamburg ihren Namen gab.

Sie lag am heutigen Domplatz genau im Mündungsdreieck von Alster und Elbe auf einer Landzunge, die im Norden, Westen und Süden durch beide Flüsse geschützt wird. Zudem verläuft hier seit alters her ein Handelsweg entlang der Elbe. Die sichere und hochwasserfreie Lage bot ideale Siedlungsbedingungen, weshalb hier bereits im 8. Jahrhundert die erste sächsische Ansiedlung namens *Hammaburg* entstand, was aus dem Altsächsischen mit *Wiesenburg* zu übersetzen ist. Diese älteste Befestigung, eine kleine sächsische Wehranlage oder ein palisadenbewehrter Hof, hatte einen Durchmesser von gut 50 Metern.

Wenn es nach Karl dem Großen (*747 – †814) gegangen wäre, hätte alles ganz anders kommen sollen. Bei seinem Versuch nämlich, die nördliche Grenze des Frankenreiches gegenüber Dänemark dauerhaft zu sichern, bestimmte er 809 die Burg

Blick auf den stählernen Nachbau des Hammaburg-Walls auf den Domplatz mit St. Petri

Virtuelle Rekonstruktion der Hammaburg im 10. Jahrhundert in ihrer größten Ausdehnung. Die Burg hatte einen Durchmesser von rund 130 Metern.

Digitale Nachbildung der Hammaburg-Siedlung zur Zeit Ansgars im 9. Jahrhundert, projiziert in das heutige Hamburg

Der bronzene Türzieher mit Löwenkopf am Portal der Petri-Kirche stammt aus dem Jahr 1342 und gilt als ältestes Kunstwerk Hamburgs.

Esesfelth bei Itzehoe zum nördlichsten Grenzposten und künftigen Missionsstützpunkt für die Christianisierung und letztlich Unterwerfung der Wikinger und Slawen. Erst als die Situation dort zu unsicher wurde, machte sein Sohn Ludwig der Fromme (*778 – †840) die bis dahin unbedeutende Hammaburg 834 zum neuen Zentrum Nordelbiens und entsandte hierhin den Missionar Ansgar (*801 – †865). Die Burg wurde nun deutlich ausgebaut und von einem ringförmigen Graben mit gut 2,50 Metern Tiefe und 4,50 Metern Breite umfasst, der einen Durchmesser von 65 bis 75 Metern aufwies.

Schon elf Jahre später ging der neue Missionsstützpunkt bei einem Wikinger-Überfall 845 in

Flammen auf. Ansgar floh nach Bremen, wo er den vakanten Bischofsstuhl übernahm, während Hamburg sich nur schwer erholte. Erst um 900 erlebte die Ansiedlung einen nie gekannten Aufschwung, nachdem 893 das gemeinsame Erzbistum Hamburg-Bremen gegründet worden war. Fortan war das erstarkte Hamburg eng eingebunden in die Weltpolitik der Päpste, Kaiser und Könige.

St. Petri und der Domplatz, einst Standort der Hammaburg

Auch die Hammaburg wurde auf 130 Meter Durchmesser ausgebaut, bis man sie 120 Jahre später, um 1020 schließlich, aufgab, um sich eine neue Burg jenseits der Alster zu bauen, die den etwas einfallslosen Namen Neue Burg erhielt, größer als je zuvor.

Seit über 1000 Jahren ist somit die Hammaburg aus dem Stadtbild verschwunden, und Generationen von Historikern und Archäologen haben nach ihr gesucht. Die Begeisterung war groß, als man beim Wiederaufbau nach dem Zweiten Weltkrieg bei

St. Petri ist Hamburgs älteste Kirche und geht wohl auf Ansgars Holzkirche von 834 zurück. Den Taufstein aus Alabaster hat Senator Jenisch (*1793 – †1857) zur Wiederweihe der Kirche nach dem Großen Brand von 1842 gestiftet.

Ausgrabungen 1949 die Ansgar-zeitliche Hammaburg des 9. Jahrhunderts endlich entdeckt zu haben glaubte. Die Verwirrung war aber um so größer, als Archäologen in den 1980er Jahren auf zwei weitere, kleinere Grabenringe stießen, die deutlich älter waren und die man zudem für eine zusammengehörige Doppelkreisgrabenanlage hielt. Als dann auch noch eine wissenschaftliche Gesamtauswertung 2002 zu dem Schluss kam, dass der Doppelkreis zu alt und der 1949 entdeckte Ringwall zu jung waren, schien die Hammaburg vollends entschwunden und wurde fortan an anderen Plätzen in der Stadt gesucht.

Klarheit brachten schließlich die letzten Ausgrabungen 2005/2006 und deren akribische

Den einstigen Ringwall der Hammaburg markieren heute Wallabschnitte aus Stahl auf dem Hamburger Domplatz.

Auswertung bis 2013, die eine eindeutige Abfolge ergaben: Der kleinste, innere Kreisgraben gehörte zur Hammaburg I (8. Jahrhundert), der 75-Meter-Kreisgraben zu Ansgars Hammaburg II (9. Jahrhundert) und der große, 1949 beobachtete Wall zur Hammaburg III des 10. Jahrhunderts. Eine geradezu klassische zwiebelförmige Entwicklung, und Hamburg hatte endlich seine Frühgeschichte wieder!

Der Domplatz heute

Seit dem Inferno des Zweiten Weltkriegs liegt das Areal der einstigen Hammaburg auf einem bis heute unbebauten Platz. Den Standort des 1804 bis 1806 abgebrochenen gotischen Mariendoms markieren quadratische weiße Sitzmöbel, während der mächtige Wall der Hammaburg III in Abschnitten aus Corten-Stahl nachgebildet worden ist.

Wurde der Domplatz über Jahrzehnte nur als staubiger Parkplatz genutzt, ist er heute eine grüne Lunge und lädt zum Sitzen und Flanieren ein.

Hamburgs Neue Burg

Als Nachfolger der Hammaburg war die Neue Burg der Stolz der Billunger, größer und mächtiger als jede ihrer Burgen

Erst 2013 konnte die Hammaburg, Hamburgs Keimzelle, zweifelsfrei archäologisch identifiziert werden. Seither konzentrieren sich die Forschungen auf ihren Nachfolgebau, die erstmals beim Chronisten Adam von Bremen (*um 1040 – †nach 1081) um 1075 erwähnte Neue Burg.

Sie wurde nur 400 Meter weiter westlich auf der anderen Alsterseite, am heutigen Nikolaifleet und Hopfenmarkt errichtet, und zwar in strategisch perfekt gewählter Lage: Genau an dieser Stelle wird der alte Handelsweg entlang der Elbe an einer Furt durch die Alster geführt, so dass von der Burg aus der Schiffs- und der Landverkehr kontrolliert werden konnten.

Oberirdisch sucht man die Reste der Neuen Burg allerdings vergeblich, obwohl sie mit einem Durchmesser von 170 Metern die größte Befestigung ihrer Art in Norddeutschland ist. Die Höhe des Burgwalls betrug mindestens 5,50 Meter, seine Breite maß an der Basis über 36 Meter, die umschlossene Innenfläche umfasste etwa 0,78 Hektar, also 7.800 Quadratmeter. Um die Dimensionen dieser Ringwall-

Blick vom Hopfenmarkt auf den von der Abendsonne angestrahlten Kirchturm von St. Nikolai. Bei seiner Fertigstellung 1874 war der Turm mit seinen 147 Metern das höchste Gebäude der Welt.

SÜD

Virtuelle Rekonstruktion der Neuen Burg im 11. Jahrhundert, Blickrichtung Süden. Vorn die Alsterschleife, links die Alsterfurt, im Hintergrund die Elbe. Die Burg bestand – wie damals im Norden üblich – ausschließlich aus Holz und Erde, Stein wurde nicht verbaut.

Die Kirche St. Nikolai auf dem Hamburger Hopfenmarkt wurde ab 1846 inmitten der Neuen Burg errichtet, ohne dass dies den Bauherren bewusst war. Damals wurde ein Großteil der Innenbebauung unbeobachtet zerstört.

Der Vierländerin-Brunnen von 1878 stand ursprünglich am Meßberg und kam 1975 an seinen heutigen Standort vor der Nikolai-Kirche auf dem Hopfenmarkt. Auf dem Sockel ist die Inschrift zu lesen „Auf dem Markt lernt man die Leute kennen“. Die Figur erinnert an den früheren Gemüsemarkt, der vor allem mit Waren aus den Vierlanden bestückt war.

Blick vom Turm der Nikolai-Kirche über das Hamburger Rathaus zur Binnen- und Außenalster

anlage zu begreifen, hilft die Vorstellung, dass der mächtige Wall dem Verlauf der Alsterschleife folgt und den Hopfenmarkt ungefähr in der Mitte quert. Die Kirchenruine von St. Nikolai steht also genau im Zentrum der einstigen Burg, was leider auch dazu führte, dass beim Bau der Kirche die gesamte Innenbebauung, Häuser, Wege, Zäune, Brunnen und Ställe undokumentiert zerstört wurden.

In ihrer Dimension spiegelt die Burg den Machtanspruch Hamburgs als aufstrebende Handelsmetropole sowie als Doppelresidenz des sächsischen Herzogs und des Erzbischofs von Hamburg-Bremen wider.

Die Erhaltung der Neuen Burg ist spektakulär, denn der Burgwall steckt nahezu vollständig unter dem Asphalt im Boden. Er wurde nämlich einst direkt am Ufer der Alster erbaut, die noch immer den gleichen Wasserstand hat. Wenn heute aber in der Hamburger Innenstadt hohe Brücken über die

Alster führen, heißt das nichts anderes, als dass die Stadt im Laufe der Zeit auf ihrem eigenen Schutt in die Höhe gewachsen ist und die archäologischen Strukturen unter sich begraben hat.

Der Turm der Nikolai-Kirche spiegelt sich im Wasser des Nikolaifleets unter der Zollenbrücke.

Bei der Neuen Burg halfen weitere glückliche Umstände: Nach ihrer Zerstörung im Jahr 1139 lag sie fast ein halbes Jahrhundert brach, wurde aber im Gegensatz zur Hammaburg nicht einplaniert. Als der neue Landesherr Graf Adolf III. von Schauenburg (*1160 – †1225) im Jahr 1188 auf dem verlassenen Burgareal die Neustadt gründete, ließ er den gewaltigen Burgwall bis zur Wallkrone mit Erde auffüllen und schuf somit eine riesige Wurt, also einen aufgeschütteten Siedlungshügel, der die Ruine unter sich begrub. Die Neue Burg bildet somit im Wortsinn das Fundament der Hamburger Neustadt. Um deren Bürger auf eine gesicherte wirtschaftliche Basis zu stellen, erwirkte Graf Adolf bei Kaiser Friedrich Barbarossa (*1122 – †1190) die Zusicherung

Der Hopfenmarkt war jahrhundertelang Hamburgs wichtigster Marktplatz. Hamburg galt als das „Brauhaus der Hanse“, und für das Bier war der Hopfen unentbehrlich.

Der Turm der Nikolai-Kirche diente den britischen Bombern 1943 bei den verheerenden Angriffen der „Operation Gomorrha“ als weithin sichtbare Landmarke. Heute ist er Mahnmal und Erinnerungsort.

diverser lukrativer Privilegien. Dadurch wuchs die Stadt stetig, und mit dem Eintritt in die mittelalterliche Städtehanse formte sich letztlich das bis heute bestehende Selbstverständnis als Freie und Hansestadt Hamburg.

Dass der Burgwall nahezu vollständig und unversehrt im Boden steckt, ist ein Glücksfall für die Archäologie. Denn das Bauholz ist aufgrund des hohen Grundwasserstandes perfekt erhalten und wirkt wie frisch geschlagen, so dass die Jahrringe die exakte Bauzeit verraten: Baubeginn war 1021, die Fertigstellung nur zwei Jahre später.

Die Reedersgattin Sophie Laeisz (*1831 – †1912) trug wegen ihrer Haarpracht den Spitznamen „Pudel“. Daher wacht ein bronzener Pudel auf dem Dach des Reederei-Kontors an der Trostbrücke.

Dadurch ist der Kronzeuge Adam von Bremen widerlegt, der als Bauherrn Herzog Ordulf (reg. 1059 – 1072) benennt, obwohl jetzt klar ist, dass dessen Vater Bernhard II. (reg. 1011 – 1059) die alte Hammaburg aufgegeben und die Neue Burg bezogen hat. Durch die Archäologie muss also die Geschichte umgeschrieben werden, und ein ehrwürdiger Chronist wird unglaubwürdig.

Um die einzigartigen Befunde dauerhaft präsentieren zu können, entstand die Idee, vor Ort am heutigen Hopfenmarkt ein Archäologisches Fenster in den Burgwall zu öffnen. Dort soll künftig unterirdisch eine Ausgrabungssituation inszeniert werden, eingebettet in die museale Präsentation der Entstehungsgeschichte Hamburgs, genau zum 1000-jährigen Gründungstag der Neuen Burg.

TRIIO HAMBURG

Der Stammsitz der Reederei Laeisz erhebt sich am Nikolaifleet genau dort, wo einst Hamburgs Hafen gegründet worden ist. Durch das Bronzeportal links führt ein Fleetgang durch das ganze Haus bis auf den Hopfenmarkt, über den die Schiffe beladen werden konnten.

Friedrich Barbarossa

Auch wenn er selbst nie in Hamburg gewesen ist, spielt Kaiser Friedrich I. (*1122 – †1190), genannt Barbarossa – der Rotbart –, eine große Rolle in der lokalen Geschichtsschreibung. Er entstammte dem Adelsgeschlecht der Staufer und war zunächst von 1147 bis 1152 als Friedrich III. Herzog von Schwaben, von 1152 bis 1190 römisch-deutscher König und von 1155 bis 1190 auch Kaiser des römisch-deutschen Reiches.

Nach der Verwüstung Hamburgs und der Aufgabe der Neuen Burg 1139 versank die Stadt für ein halbes Jahrhundert in der Bedeutungslosigkeit. Erst die Neubebauung des brachliegenden Burgareals ab 1188 unter Graf Adolf III. von Schauenburg (*1160 – †1225) kann als Initialzündung für die Wiederbelebung des dahindümpelnden Hamburg gesehen werden. Um willige Siedler an die Alster zu locken, besorgte der Graf bei Kaiser Barbarossa einen Freibrief mit wertvollen Privilegien für das Neubaugebiet. Das berühmte Diplom vom 7. Mai 1189 gilt als Geburtsurkunde des Hamburger Hafens, ist aber eine Fälschung aus dem 13. Jahrhundert. Ob es je ein Original gegeben hat, ist ungewiss, der Kaiser sollte es angeblich erst nach seiner Rückkehr vom Kreuzzug nach Jerusalem unterzeichnen. Er kehrte allerdings nie zurück, sondern ertrank kurz vor dem Ziel am 10. Juni 1190 in einem Fluss. Barbarossas Freibrief aber stärkte Hamburg den Rücken und verhalf der Stadt in den folgenden Jahrhunderten zu seinem beispiellosen Aufstieg in der Hanse.

Die Bischofsburg

Bei seiner Entdeckung als Burg des Bischofs gedeutet, gilt das Fundament heute als Hamburgs ältestes Stadttor

Über manche markante Burg weiß man mangels archäologischer Ausgrabung oder urkundlicher Überlieferung so gut wie nichts. Dieses Schicksal teilen in Hamburg beispielsweise die Mellingburg in Sasel oder die Rönneburg im gleichnamigen Stadtteil.

Die sogenannte Bischofsburg im Stadtzentrum ist hingegen archäologisch bestens erforscht und archivalisch gut belegt – dachte man zumindest bis vor kurzem. Denn neueste archäologische Forschungen und die Bezugnahme auf ganz andere historische Dokumente führten zu einer überraschenden Neubewertung.

Bereits 1962 wurden beim Abbruch von Behelfsbauten auf dem kriegszerstörten Eckgrundstück Kreuslerstraße/Speersort am Nordrand des Domplatzes direkt unter der alten Kellersohle große Granitfindlinge sichtbar. Bei den nachfolgenden Ausgrabungen, die bis 1965 andauerten, kamen immer mehr Steine zum Vorschein. Am Ende lag vor den Ausgräbern das komplette Fundament eines gewaltigen Rundturms mit einem Außendurchmesser von ca. 19 Metern und einer Mauerstärke von gut vier Metern.

Die Bischofsburg am Domplatz ist eine Filiale des Archäologischen Museums Hamburg. Der Ausstellungsraum ist 2023 in neuer Gestaltung wiedereröffnet worden und bietet einen Überblick über die Gründungsgeschichte Hamburgs.

1963

1180

Zeichnerische Rekonstruktion der Bischofsburg als Turm des ältesten Hamburger Stadttores um 1180

Seit 2023 präsentiert sich das Turmfundament der Bischofsburg in einer neuen Lichtinszenierung.

Spärliche Keramikscherben wiesen ins 11. Jahrhundert, entscheidend für die Archäologen war aber eine Nachricht des Chronisten Adam von Bremen (*um 1040 – †nach 1081). Er berichtet in seiner um 1075 verfassten „Hamburgischen Kirchengeschichte“ (Buch II, Kapitel 70) davon, dass sich Erzbischof Bezelin Alebrand (reg. 1035 – 1043) ein „steinernes Gebäude mit sehr festen Türmen und Bollwerken“ errichtet habe. Da man zu dieser Zeit in Hamburg ausschließlich in Holz baute, war die bischöfliche Residenz der erste steinerne Profanbau überhaupt und eine absolute Besonderheit, weshalb ja auch Adam über den Bau berichtete. Der Ausgräber war sich also sicher, die Bischofsburg entdeckt zu haben, die er sich als mehrgeschossigen runden Wohn- und Wehrturm mit Fachwerkaufbau und Innenhof vorstellte. Die Entdeckung war so bedeutend, dass der Fundamentring Denkmalschutz erhielt, in die moderne Bebauung integriert und

Der Fundamentring ist seit 1969 als Archäologisches Fenster zu besichtigen.

Mächtige Granitfindlinge bilden einen Ring mit 19 Metern Durchmesser. Nicht umsonst hieß das Stadttor im Mittelalter *magna porta*, das Große Tor.

als unterirdischer Schauraum der Öffentlichkeit zugänglich gemacht wurde. Heute ist er eine Außenstelle des Archäologischen Museums Hamburg und eine touristische Attraktion.

Vor wenigen Jahren führten Ausgrabungen im nächsten Umfeld des Turmfundaments nun aber zu einer Umdatierung ins 12. Jahrhundert und somit zu einer Neubewertung, da der Erzbischof als Bauherr ausscheidet. Aus anderen Urkunden aus dem 13. Jahrhundert weiß man aber, dass genau an dieser Stelle die *magna porta* stand, also das große Stadttor. Aller Wahrscheinlichkeit nach handelt es sich um den Nordturm des ältesten Hamburger Stadttores, das bis heute das Stadtwappen prägt und

Große Schautafeln am Eingang zur Bischofsburg lassen die Besucher ins Mittelalter Hamburgs eintauchen.

so bereits auf dem ältesten bekannten Staatssiegel von 1241 zu sehen ist. Ausgrabungen im heutigen Straßenbereich Speersort mögen künftig den fehlenden Südturm freilegen und Hamburg sein „Tor zur Welt" zurückgeben.

Der einstige Standort der bischöflichen Residenz bleibt also weiterhin unbekannt, ist aber sicher im näheren Umfeld des früheren Domes zu suchen.

Direkt gegenüber auf dem heutigen Domplatz stand vom 8. bis zum 11. Jahrhundert die Hammaburg, die historische Keimzelle Hamburgs.

Die heutige Platzgestaltung thematisiert seine bewegte Geschichte in mehrfacher Hinsicht. Eine wallartige Stahlskulptur folgt mit einem Durchmesser von 140 Metern dem Wallverlauf der Hammaburg. Den Grundriss des gotischen Mariendoms markiert ein Raster aus weißen Sitzelementen.

Im modernen Museumseingang zur Bischofsburg spiegeln sich das Hulbe-Haus und das Pressehaus am Domplatz. Georg Hulbe betrieb dort ein Kunstgewerbehaus für Leder-Kunsthandwerk; das 1938 erbaute Pressehaus ist heute Sitz der ZEIT und war 1962 Schauplatz der Spiegel-Affäre.

Hamburgs historisches Zentrum aus der Luft: Am rechten Bildrand liegt der Domplatz mit der Hammaburg, etwas oberhalb ist das Museum „Die Bischofsburg“ zu sehen. In der Bildmitte unten stand der Nachfolger der Hammaburg, die Neue Burg, wo sich heute der Turm von St. Nikolai erhebt.

Verboten, zerstört und in fremder Hand

Burgen im Westen und Nordwesten von Hamburg
Süllberg, Hatzburg, Pinneberg

Die Burgen auf dem Süllberg

Blankenese liegt ihm zu Füßen, und einst trug der Süllberg zwei Burgen, die aber nur wenige Jahre bestanden

Blick vom burgartigen Turm des Hotelkomplexes auf dem Süllberg über die Elbe Richtung Südosten

Auf dem 75 Meter hohen Süllberg in Hamburg-Blankenese zeugt heute absolut nichts mehr von seiner einstigen mittelalterlichen Bebauung – im Gegensatz zu anderen Hamburger Höhenburgen wie dem Falkenberg oder der Rönneburg, wo wenigstens noch Vorburgen und Wallzüge mit Torunterbrechungen im Gelände erhalten sind. Eine Gemeinsamkeit gibt es immerhin: Auch auf dem Süllberg wurde im 19. Jahrhundert ein Ausflugslokal für die Wochenendfrischler erbaut, das bis heute nach mehreren Umbauten und Erweiterungen als renommiertes Hotel mit Restaurantbetrieb fortbesteht und mit seinem Panoramablick über die Elbe ein beliebtes Ausflugsziel ist. Sein hoher zinnenbewehrter Aussichtsturm erinnert aus der Ferne sogar ein wenig an eine mittelalterliche Burg.

Und tatsächlich hat es auf dem Süllberg gleich zwei Burganlagen im Abstand von zwei Jahrhunderten gegeben. Deren mächtige Wallanlagen sind auf historischen Ansichten vor 1838, aus der Zeit, als die Bergkuppe noch unbebaut und komplett unbewaldet war, noch deutlich zu erkennen. Dann

Der Stahlstich um 1840 zeigt den noch unbewaldeten Süllberg mit dem Ausflugslokal auf dem Gipfel, zu seinen Füßen das Fischerdorf Blankenese an der Elbe.

aber wurden die Burgwälle auf der Bergkuppe komplett abgetragen und das Burgplateau massiv umgestaltet. Die Archäologie wird daher zur Geschichte der Bebauung nichts mehr beitragen können, so dass man allein auf die urkundliche Überlieferung angewiesen ist. Die ist aber immerhin – wiederum im Gegensatz zu vielen anderen Burgen – durchaus aufschlussreich. Denn aus ihr erfährt man, dass die beiden Süllbergburgen im 11. und im 13. Jahrhundert bestanden haben, und dass beide jeweils schon nach wenigen Jahren geschleift worden sind. Addiert man beide Standzeiten, so residierten die Burgherren gerade einmal acht Jahre auf dem Süllberg. Reflexartig drängt sich die Frage auf, ob dies bei den anderen Burgen, für die es keine

Der Süllberg in Blankenese ist heute bewaldet und dicht bebaut, möglichst mit Elbblick.

historischen Nachrichten gibt, nicht möglicherweise genauso war. Das wäre zumindest eine plausible Erklärung für den ausnehmend geringen Fundanfall und vielleicht auch für das Schweigen der Quellen bei diversen Anlagen.

Über die mittelalterlichen Geschehnisse auf dem Süllberg berichtet kein Geringerer als der ehrwürdige Chronist Adam von Bremen (*um 1040 – †nach 1081) in seiner um 1075 verfassten „Hamburgischen Kirchengeschichte“. Es sind nur wenige Zeilen, aber die haben es durchaus in sich. Denn sie offenbaren als Bauherrn der Süllbergburg nicht etwa den regierenden Billunger-Herzog Ordulf (reg. 1059 – 1072) oder einen weltlichen Statthalter, sondern den mächtigen Erzbischof von Hamburg-Bremen, Adalbert I. (reg. 1043 – 1072).

Dieser Machtmensch ließ um 1059 zum Schutz der Hamburger Kirche und der Bevölkerung

Die Elbterrasse am Süllberg ist einer der vielen Fußwege, die das steile Treppenviertel erschließen.

vor slawischen Überfällen den bewaldeten *Sollonberg* roden, um dort eine Burg zu errichten und eine Probstei zu gründen. Da aber offenbar die Klostergemeinschaft selbst auf Raubzüge ging und die umliegenden Bewohner drangsalierte, wurde die Propstei bereits um 1063 durch die einheimische Bevölkerung wieder zerstört. Über das einstige Aussehen der Burg ist nichts bekannt, klar ist nur, dass es sich – analog zur Hammaburg und der Neuen Burg – nur um eine Holz-Erde-Befestigung gehandelt haben kann, da man Backstein damals in Hamburg noch nicht kannte.

Ein zweites Mal versuchten die Grafen Johann (*um 1229 – †1263) und Gerhard von Schauenburg und Holstein (*1232 – †1290) hier im Jahr 1258, eine Burg zur Sicherung und Kontrolle der Fährverbindung über die Elbe zu errichten. Aber auch diese Befestigung bestand nur kurze Zeit, bevor sie 1262 wieder abgerissen werden musste, da sie gegen ein Burgenbauverbot verstoßen hatte, das zu den kaiserlichen Privilegien Barbarossas (*1122 – †1190) für die junge Hamburger Neustadt aus dem Jahr 1189 zählte. Auch diese zweite Süllbergburg hat keinerlei archäologische Spuren hinterlassen.

Partie am Süllberg in Hamburg-Blankenese mit steilem Treppenweg und weitem Blick über die Elbe.

Die einstigen Burgherren hatten vom 75 Meter hohen Süllberg alles im Blick, vor allem Hamburg und die Elbe. Vorn das neue, 2020 in Betrieb genommene Leuchtfeuer am Anleger Op'n Bulln in Blankenese.

Adalbert I.

Unter den Erzbischöfen von Hamburg-Bremen war zweifelsohne Adalbert I. (reg. 1043 – 1072) die schillerndste Persönlichkeit. Während seines Episkopats gelangte das Erzbistum Hamburg-Bremen zu seiner größten Machtfülle und räumlichen Ausdehnung und hätte auf dem Höhepunkt die bedeutendste Kirchenprovinz des christlichen Abendlandes werden sollen, denn Adalbert hegte Pläne zur Errichtung eines ganz Nordeuropa umspannenden Patriarchats Hamburg-Bremen. Dann wären alle Bistümer im slawischen Missionsgebiet an der unteren Elbe, vor allem aber alle Diözesen Dänemarks, Schwedens und Norwegens einschließlich des angedachten dänischen Erzbistums dem Hamburger Erzbischof bzw. Patriarchen des Nordens unterstellt gewesen. Möglich waren diese unerhörten Pläne Adalberts nur durch seine auf absoluter Loyalität beruhende uneingeschränkte Vertrauensposition bei König Heinrich IV. (*1050 – †1106), für den er zunächst sogar als Reichsregent die Vormundschaft bis zur Mündigkeit des Königs innehatte. Die ausufernde Machtfülle Adalberts brachte die Fürsten und Bischöfe des ganzen Reiches gegen ihn auf, und so erzwangen sie 1066 seine Entlassung durch Heinrich IV.

Erzbischof Adalbert fand seine letzte Ruhestätte im Bremer Dom, wo seit 1987 eine Bronzefigur des Bildhauers Heinrich Gerhard Bücker (*1922 – †2008) an ihn erinnert.

Die Hatzburg

Ihre Reste liegen heute unter einer Kuhweide am Elbufer, aber einst war sie eine Machtzentrale der Grafen von Schauenburg

Vor 700 Jahren stand auf dieser saftigen Kuhweide die Hatzburg der Grafen von Holstein.

Man braucht einige Fantasie oder ein Flugzeug, um die Reste der Hatzburg ansatzweise erkennen zu können, denn die einstige Turmhügelburg ist fast vollständig eingeebnet. Im Gelände lassen unscheinbare Hügel ihren Standort erahnen, während das Luftbild die ovale Grundform der sie umgebenden Wassergräben doch deutlich preisgibt. Gelegen am nordwestlichen Ortsrand von Wedel, handelt es sich um eine typische Niederungsburg am Geestrand zur feuchten Elbmarsch hin. Die damals sumpfigen Marschflächen boten zu drei Seiten einen natürlichen Schutz, während zur Geest hin nur eine schmale Landverbindung bestand.

Der Unterschied zur Süllbergburg auf 75 Meter Höhe kann kaum größer sein, doch tatsächlich könnten beide sogar in ursächlichem Zusammenhang zueinander stehen. Die Burg auf dem Süllberg musste nämlich bald nach ihrer Errichtung im Jahr 1262 wieder abgebrochen werden, weil sie – nur gut zwölf Kilometer Luftlinie von der Neuen Burg in Hamburg entfernt – gegen das 1189 in Hamburg erlassene Burgenbauverbot in einer Bannzone von

Hatzborg
Bille

Die Darstellung der Hatzburg auf der berühmten Elbkarte von Melchior Lorichs (*um 1527 – †1594) aus dem Jahr 1568 übertreibt ihre Wehrhaftigkeit und passt überhaupt nicht zum archäologischen Befund.

zwei Meilen verstieß, was damals gut 15 Kilometern entsprach. Die Hatzburg soll daraufhin als Nachfolgebau der Süllbergburg durch die Landesherren, die Grafen von Schauenburg, um 1300 errichtet worden sein, was aufgrund ihrer Entfernung von 20 Kilometern durchaus plausibel ist. Graf Adolf VI. von Schauenburg (*1256 – †1315) verspricht den Hamburgern sogar schriftlich, dass für sie von der Burg keine Gefahr ausgehen werde. Über 120 Jahre später wirkt also das den Hamburger Bürgern 1189 zugesicherte Burgenbauverbot immer noch nach. Für die Hatzburg wird als Baujahr oft 1311 angegeben, doch ist dies lediglich das Jahr ihrer urkundlichen Erstnennung.

In fünf Kilometern Entfernung von der Hatzburg steht am Elbufer der 1900 in Betrieb genommene Leuchtturm Tinsdal, der seit 2004 Denkmalschutz genießt.

Der Baubestand hat sich seither im Laufe mehrerer Jahrhunderte bis zur Zerstörung im 17. Jahrhundert und der endgültigen Aufgabe nach einem Brand 1710 sehr ansehnlich erweitert. Stand zu Beginn die Kontrollfunktion für die Warenströme auf der Elbe im Vordergrund, so entwickelte sich die Burg bald zum administrativen Zentrum für die Schauenburger Grafen der Linie Holstein-Pinneberg, zumindest bis der Sitz des Vogtes 1382 nach Pinneberg verlegt wurde. Die einstige landesgeschichtliche Bedeutung der Burg lässt sich aus den historischen Quellen gut erschließen, die sogar eine Residenzfunktion nahelegen. Mehrfach wurde die Burg verpfändet, Gesandtschaften wurden hier empfangen und Urkunden ausgestellt. Ab dem 17. Jahrhundert verfiel die Anlage nach erheblichen Schäden im Dreißigjährigen Krieg (1618 – 1648) aber zunehmend, bis 1710 schließlich auch noch das Amtshaus abbrannte, was das Ende der Hatzburg besiegelte.

Aufsteigende Nonnengänse in der Elbniederung an der Hatzburg bei Wedel

Reste der Burg tauchten 1964 überraschend auf, als die Hamburger Wasserwerke dort eine Brunnenstation errichteten, die dem Boden so viel Grundwasser entzog, dass er austrocknete und absackte. In der Folge ragten immer mehr Holzpfosten der Burganlage aus dem Boden, die der landwirtschaftlichen Nutzung regelmäßig im Wege standen und nach und nach kurzerhand per Traktor gekappt wurden. Erst zwei Jahrzehnte später kam es endlich zu Ausgrabungen, bevor das Bodendenkmal komplett zerstört worden wäre. Von 1987 bis 1989 erforschte das Schleswiger Landesamt die Fundamente der Hatzburg, die sich als durchaus imposante Anlage entpuppte und sich offenbar über insgesamt fünf Hügel erstreckte. Außer einem hölzernen Burgturm gab es ein mächtiges Findlingsfundament für einen steinernen Turm mit einer quadratischen Grundfläche von rund 9,80 Metern Seitenlänge. Ferner wurden die Pfosten einer inneren und äußeren Palisade sowie weitere Wohn- und Wirtschaftsgebäude nachgewiesen.

Die während der Ausgrabung gemachten Funde sind im Stadtmuseum Wedel ausgestellt, während vor Ort am Ende der Straße Hatzburgtwiete mitten auf einer Kuhweide ein auf einem Steinsockel stehendes Bronzemodell der hölzernen Turmhügelburg dem Interessierten den Weg weist.

Turmhügelburg

Die Mitglieder des sächsischen Herzogengeschlechts der Billunger (936 – 1106) bauten in ihrem Reich ausschließlich große Ringwallanlagen aus Holz und Erde, wie sie in Hamburg von der Hammaburg und der Neuen Burg bekannt sind. Die nachfolgenden Grafen von Schauenburg brachten aus ihren Stammlanden an der Weser den Burgenbau aus Stein mit, dessen mächtigste Anlage die Siegesburg auf dem Kalkberg in Bad Segeberg war.

Der niedere Adel begann im 11. Jahrhundert mit dem Bau kleiner Adelssitze, den sogenannten Turmhügelburgen. Der Name ist selbsterklärend: Auf einem künstlich aufgeschütteten Erdhügel wurde ein hölzerner Turm, oft auf einem Findlingsfundament, errichtet und dieser Hochbau dann zusätzlich durch einen Wall und einen Graben umgeben, bewehrt durch Palisaden und um eine Vorburg erweitert. Die nach dem französischen Wort für Erdhügel auch als *Motte* bezeichneten Burgen waren zwar nur eine sehr kurze bauliche Modeerscheinung bis um 1300, hielten sich im steinarmen Norden aber bis ins 15. Jahrhundert, weshalb ihre Reste hier noch hundertfach anzutreffen sind.

Ein sehenswerter Nachbau wurde 2003 in Lütjenburg zwischen Kiel und Oldenburg in Ostholstein als Teil eines Freilichtmuseums errichtet.

Den Standort der Hatzburg markiert heute das kleine Bronzemodell einer idealtypischen Turmhügelburg auf einer Kuhweide am Ende der Hatzburgtwiete in Wedel. Das Modell zeigt die Burg um 1300. Gestaltet wurde es von der Wedeler Keramikerin Doris Ong.

Drostei Pinneberg

In Pinneberg residierten die Landdrosten des dänischen Königs, bevor Schleswig-Holstein preußisch wurde

Ein *castrum*, also eine Burg, zu *Pynnenberghe* wird 1382 erstmals urkundlich genannt. Sie lag geradezu klassisch auf einer Insel im Mündungszwickel zwischen den Flüsschen Pinnau und Mühlenau, doch ist über die Burg praktisch nichts bekannt. Seit 1844 führt die Bahnlinie nach Elmshorn über die eingeebnete Burgstelle, von der sich nichts erhalten hat. 1470 – 1474 wurde sie durch einen mehrere 100 Meter weiter südöstlich gelegenen spätgotischen Schlossbau ersetzt, der später einen Umbau im Renaissance-Stil erfuhr. Nach dem Aussterben der Pinneberger Linie der Grafen von Schauenburg im Jahr 1640 verwaltete fortan ein Landdrost des dänischen Königs Christian IV. (*1577 – †1648) die Grafschaft Pinneberg. Im Dreißigjährigen Krieg bereits beschädigt, im Zweiten Nordischen Krieg 1658 schließlich durch schwedische Truppen niedergebrannt, verfiel die Anlage mehr und mehr, bis die Ruinen 1720 abgebrochen wurden. Eine Renovierung war obsolet, da die Landdrosten nicht mehr im Schloss residierten, sondern direkt im Ort Pinneberg.

Ein Restaurant macht die barocke Drostei auch heute noch zu einem Anziehungspunkt in Pinneberg.

Spätbarocke Formen und Zierelemente prägen das behutsam restaurierte Eingangsportal in der ansonsten sehr nordisch-nüchternen Fassade der Drostei.

Erst 1765 – 1767 erbaute der Landdrost Hans von Ahlefeldt (*1710 – †1780) gut 500 Meter weiter östlich die heutige Drostei im Stil des norddeutschen Backsteinbarocks als Wohn- und Amtssitz. Als solcher diente sie bis zur Gründung des Kreises Pinneberg 1867, nachdem Schleswig-Holstein preußisch geworden war. Seither wurde die Drostei als Landratsamt genutzt, bis die Verwaltung 1893 ein neues Landratsamt bezog. Bis 1984 unterhielt dann die Stadt Pinneberg in der Drostei ihr Katasteramt, bevor es bis 1991 zur umfangreichen Sanierung kam. Seither erstrahlt die 1965 unter Denkmalschutz gestellte Drostei wieder im alten Glanz und wird bis heute als Kreiskulturzentrum mit einem vielseitigen Veranstaltungsprogramm für Ausstellungen, Lesungen und Konzerte genutzt. Im Untergeschoss lädt das Restaurant Meusel's Landdrostei zu einer kulinarischen Pause ein. Zusammen mit dem südlich

Zu Füßen der Südfassade des einstigen Stadtpalais erstreckt sich der Drosteipark, der zum Flanieren und Verweilen einlädt.

anschließenden Drosteipark und dem direkt benachbarten Pinneberg Museum im ehemaligen dänischen Landgerichtsgebäude von 1854/1855 bildet das Drostei-Ensemble das kulturelle Zentrum der Pinneberger Innenstadt. Der Drosteipark ist ein öffentlicher Park und spiegelt den Charakter des Hauses als ehemaliges Stadtpalais wider. Er wurde mehrfach verändert und erweitert, sieht inzwischen allerdings arg trostlos aus, auch wenn sich von der ursprünglichen barocken Anlage sogar bis heute eine sogenannte Boskettallee, einst ein kleines Lustwäldchen, erhalten hat. Eine Neugestaltung des Parks ist dringend geboten und mit Bürgerbeteiligung derzeit sogar in Planung.

Im Park steht ein schwarzer Marmorobelisk auf einem Sandstein-Postament als Denkmal für die Gefallenen des deutsch-französischen Krieges von 1870/1871, und 500 Meter weiter südlich auf dem Bahnhofsvorplatz erinnert das umstrittene und heute in seiner unwirtlichen Umgebung verloren wirkende Kriegerdenkmal von 1934 an die Gefallenen des Ersten Weltkriegs.

Das Pinneberg Museum im ehemaligen Amtsgericht widmet sich der Stadt- und Kulturgeschichte Pinnebergs.

MUSEUM

Trau, schau, wem

Hamburgs Griff nach dem Süden
und eine große Liebe
Horeburg, Moorburg, Horneburg,
Agathenburg

Das Harburger Schloss

Im Kern des Harburger Schlosses steckt die Horeburg, und im Keller liegt der älteste erhaltene Raum Hamburgs

Das Harburger Schloss hat in vielfacher Hinsicht deutliche Spuren hinterlassen: Es ist Namensgeber der heutigen Schlossinsel, die man über die Harburger Schloßstraße erreicht, die wiederum zusammen mit dem Schloßmühlendamm die gesamte Harburger Altstadt durchquert. Außerdem ist der Bau die einzige Burg Hamburgs, deren Baugeschichte sich über mehrere Jahrhunderte verfolgen lässt, teilweise sogar sehr detailliert bis hin zu Lieferrechnungen für die verbauten Backsteine. Steht man dann allerdings im Zentrum der Schlossinsel und blickt sich um, so hält man zunächst verwundert Ausschau nach einem veritablen Schloss, obwohl es direkt vor einem steht. Aber das ist eine lange Geschichte …

Die Anfänge liegen – wie so oft – im Dunkeln. Die häufig kolportierte Gründung um das Jahr 1000 basiert auf der Einordnung weniger Keramikscherben, da Baubefunde aus der Frühzeit bislang fehlen. Die Platzwahl ist ungewöhnlich und spiegelt sich im Namen wider: Die Horeburg (= *Sumpfburg*) wurde als Niederungsburg auf einer von Wasser-

Auf der höchsten Erhebung der Schlossinsel thront hochwassersicher das Harburger Schloss, das hier gerade mit einem Baugerüst versehen ist.

I
H
Flavius

Der Kupferstich von Matthäus Merian (*1593 – †1650) aus der Zeit um 1650 wurde modern koloriert und vermittelt so einen lebendigen Eindruck von der Lage, Größe und Wehrhaftigkeit des Harburger Schlosses und der sternförmigen Schanzanlagen. Am rechten Bildrand erscheint mit Giebelturm das erste Harburger Rathaus.

läufen durchzogenen Elbinsel der Süderelbe errichtet, ein unwirtlicher Ort, erreichbar nur über einen künstlich aufgeschütteten Damm, die heutige Harburger Schloßstraße. Erst im großräumigen Kartenbild erklärt sich die strategisch kluge Ortswahl: Genau hier werden die Wege, die der Süderelbe folgen oder aus dem Süden kommen, durch die sich keilförmig vorschiebende Geestkante sehr nah an den Fluss gezwungen, und genau an dieser sanduhrförmigen Engstelle kontrolliert die Horeburg das Geschehen.

Ihre erste Erwähnung findet sie in einer zwischen 1133 und 1137 abgefassten Urkunde des Bischofs Dietmar II. von Verden (reg. 1116 – 1148). Zu dieser Zeit gehörte die Horeburg den Stader Grafen und diente ihnen als Grenzfestung und südlicher Vor-

Harburg an der Elbe aus der Luft mit Blick nach Osten über die Süderelbe (links), die Schlossinsel (Mitte) und den Binnenhafen (rechts)

posten. 1257 gelangte sie in den Besitz der Welfenherzöge und fungierte nun als nordwestliche Grenzfestung des Herzogtums Braunschweig-Lüneburg.

Ab 1527 wurde die Horeburg durch Herzog Otto I. (*1495 – †1549) zum dreiflügeligen Renaissanceschloss ausgebaut, das in der Endphase des Dreißigjährigen Krieges von einer gewaltigen Zitadelle nach niederländischem Vorbild umgeben wurde, deren sternförmige Grundform im Luftbild selbst heute noch deutlich ablesbar ist.

Gegenüber der Schlossinsel liegt der Harburger Binnenhafen mit seinem spannenden Mix aus historischen Speichern, Traditionsschiffen und moderner Architektur. Viele sprechen auch von der kleinen Hafencity.

Nachdem das Schloss jahrhundertelang militärische Bedeutung hatte, war es nach der napoleonischen Besetzung bis in die 1890er Jahre Sitz des Landratsamtes.

Um 1900 wurde es dann durch den Werftbesitzer Reinhold Holtz erworben. Die Schlossinsel wurde fortan Sitz der Harburger Schlosswerft und grundlegend umgestaltet. So ließ der neue Schlossbesitzer den schlichten Ostflügel aufwändig zu seinem

Wo heute ein kleiner Park zum Verweilen einlädt, erstreckten sich ab 1900 die Werkhallen der Schlosswerft Holtz. Das prächtige Wohnhaus des Werftbesitzers – der Ostflügel des Renaissanceschlosses – wurde 1972 abgebrochen.

privaten Wohnsitz umgestalten, wodurch dieser viel mehr einem veritablen Schloss glich als der altehrwürdige Westflügel, das im Kern gotische Hohe Haus. Ohne Rücksicht auf die historische Bausubstanz wurde dieses zum Mietshaus für höhere Werftmitarbeiter umfunktioniert und sieht leider bis heute wie eine Mietskaserne aus, deren Schlosscharakter vollständig abhanden gekommen ist. Nach dem Zweiten Weltkrieg und einem Besitzerwechsel erlebte die Werft ebenso ihren Niedergang wie das Schloss. Ein späterer Eigentümer träumte offenbar vom Schlossherrendasein und ließ aufgefundene Kanonenkugeln in die Fassade einsetzen, wie auch eine schwere kupferbeschlagene Kellertür und weitere Dekorelemente seiner Vorstellung von Mittelalter entsprachen. Der überaus repräsentative Ostflügel wurde schließlich 1972 unter großem, aber vergeblichem Protest der Harburger Bevölkerung abgebrochen.

Die Lage auf einer hohen Wurt sorgte bei den Schlossherren für trockene Füße, da der Bau auf einer flachen Insel inmitten der Elbniederung steht.

Im Kellergewölbe des verbliebenen Westflügels befindet sich – bisher vor den Augen der Öffentlichkeit verborgen – der älteste erhaltene Raum Hamburgs aus der Zeit um 1440. Bald soll er allerdings als Außenstelle des Archäologischen Museums Hamburg und Stadtmuseums Harburg zugänglich gemacht werden, um am Gründungsort die frühe Geschichte Harburgs erlebbar zu machen.

600 Jahre Ruß und Staub haben ihre Spuren hinterlassen, doch steckt unter dem Putz ein Juwel: Hamburgs ältester erhaltener Raum liegt im Harburger Schlossgewölbe.

Die Risse im Gemäuer zeigen deutlich, dass sich der Untergrund immer noch senkt. Doch steht eine Renovierung schon an, bevor das Stadtmuseum Harburg ins Schlossgewölbe einzieht.

1000 Jahre Geschichte in einem Luftbild: Im Zentrum der Schlossinsel – eingehüllt in ein Baugerüst – steht das Schloss, die Keimzelle Harburgs, inmitten des einzigen tideunabhängigen Hafens in Hamburg. Die Wasserflächen zeichnen bis heute die barocke Sternschanze nach.

Goldener Engel

Historische Fachwerkhäuser wechseln sich in der Harburger Schloßstraße mit moderner Architektur ab, was den besonderen Reiz des Quartiers ausmacht. Archäologische Ausgrabungen haben die Neubauvorhaben begleitet und machen Harburgs Altstadt zu einem spannenden Geschichtsbuch.

Herzog Otto I. zu Braunschweig-Lüneburg

Es muss wirklich wahre Liebe gewesen sein, warum sonst gibt man ein Herzogtum auf und zieht in eine mückengeplagte Burg im Sumpf? Denn als Erstgeborenem hätte Otto (*1495 – †1549) die Thronfolge im Fürstentum Lüneburg und im Herzogtum Braunschweig-Lüneburg zugestanden. Um das Herzogtum war es finanziell sehr schlecht bestellt, weshalb er auf Wunsch des Vaters eine deutlich ältere, aber sehr begüterte Witwe, eine Hofdame der Königin von Frankreich, hätte heiraten sollen. Er aber ehelichte die nicht standesgemäße Meta von Campe (†1580), wodurch ihm der Thron verwehrt blieb und er mit einem eigenen Herrschaftsbereich abgefunden werden musste: Harburg an der Elbe gewissermaßen als Trostpreis. Für Harburg erwies sich dies als Glücksfall, denn es war plötzlich Residenzstadt und erlebte einen ungeheuren Aufschwung mit dem Um- und Ausbau der Horeburg zum Schloss, der Stadterweiterung, dem Festungsbau und der Einführung der Reformation.

Die Moorburg

Hamburg erbaute die Burg im Moor an der Süderelbe, um der nahen Horeburg die Einkünfte aus der Schifffahrt streitig zu machen

Moorburg ist eigentlich dem Tod geweiht, trotzt seinem Schicksal aber mit großem Widerstand. Die Stadt Hamburg hält nämlich den gesamten Stadtteil seit den 1980er Jahren als Hafenerweiterungsgebiet zur Reserve für den Hafenausbau vor, womit Moorburg das gleiche Los zuteil würde wie der nördlich benachbarten Ortschaft Altenwerder, von der nur mehr die Kirche inmitten eines unwirtlichen Containerumschlagplatzes steht. Nach und nach hat Hamburg mehr als 90 Prozent aller Häuser aufgekauft, und trotzdem wohnen noch gut 740 Einwohner hier, die auf bessere Zeiten hoffen. Eigentlich ein wirklich unverdientes Schicksal, wenn man bedenkt, welch bedeutende Rolle die Moorburg einst für Hamburg gespielt hat. Denn der Ort gehört seit 1375 zu Hamburg und ist der älteste und bis 1937 auch einzige Stadtteil südlich der Elbe.

Die bedeutende strategische Lage erschließt sich heute überhaupt nicht mehr, nachdem der Flusslauf der alten Süderelbe nördlich von Moorburg nach der Sturmflut 1962 zugeschüttet worden ist. Die Elbe ist somit völlig aus dem Blickfeld ver-

Moorburg aus der Luft, im Hintergrund die Süderelbe und die Hamburger Innenstadt. Der doppelte Kreisgraben im Vordergrund markiert den Standort der alten Kirche von Glindesmoor, wie Moorburg ursprünglich hieß. Am anderen Ende der Straße, auf derselben Höhe wie die Kirche St. Maria-Magdalena, soll sich die Burg befunden haben.

Diese Zeichnung von 1583 zeigt die Moorburg als bis auf die Zähne bewaffnete Turmhügelburg, was zwar wenig mit der Realität zu tun hatte, aber aus Sicht des Harburger Herzogs die Gefährlichkeit und Stärke der Burg unter Beweis stellen sollte.

schwunden, obwohl die Moorburg ihre Gründung um 1390 ausdrücklich dem Fluss verdankt. Damals war nämlich der Hauptstrom der Elbe nicht etwa ihr nördlicher Arm, an dem heute Hamburgs Sehenswürdigkeiten liegen, sondern die alte Süderelbe, die schon die Herren der Horeburg zu kontrollieren versuchten. Gerade einmal vier Kilometer trennen beide Burgen voneinander, und entsprechend groß war der Protest der in Harburg residierenden Lüneburger Herzöge, dass nun Hamburg von der Moorburg aus die Schifffahrt kontrollieren wollte, Zölle erhob und das Stapelrecht ausübte. Letztlich zog sich der Streit über Jahrhunderte hin, in denen Hamburg auch vor Taschenspielertricks nicht zurückschreckte. Zunächst fälschten die Hamburger eine Landkarte, auf der die Norderelbe deutlich breiter als der südliche Arm gezeichnet wurde. Später führten sie dann umfangreiche Deichbaumaßnahmen durch,

Was idyllisch aussieht, wie hier am Moorburger Elbdeich, ist an vielen Stellen in Moorburg auf den allmählichen Niedergang zurückzuführen, den das Dorf seit seiner Verurteilung zum potenziellen Hafenerweiterungsgebiet für Hamburg erleidet.

Was aussieht wie ein jungsteinzeitliches Ringheiligtum, ist der einstige Standort der Kirche von Glindesmoor, das erst mit dem Bau der Burg um 1390 den Namen „Moorburg“ angenommen hat.

um der Süderelbe im Wortsinn das Wasser abzugraben. Diese Wunde ist bis heute im Verhältnis zwischen Hamburg und seiner kleinen Schwester Harburg nicht verheilt.

Der Zankapfel Moorburg ist im Jahr 1819 abgetragen und eingeebnet worden, nachdem die Burganlage bereits im 17. Jahrhundert für Hamburg wertlos geworden war. Heute versteckt sich der einstige Standort der Turmhügelburg auf den Grundstücken Moorburger Elbdeich 167 und 169, wo allerdings überhaupt nichts mehr von der einstigen Bedeutung zeugt. Immerhin gibt es – ganz im Gegensatz zu den meisten anderen Burganlagen – gleich mehrere zeitgenössische Abbildungen aus dem

Kaum ein Ortsname im Hamburger Umland ist bis heute so selbsterklärend wie „Moorburg“. Die Natur konnte hier besonders viel von ihrer Ursprünglichkeit bewahren, weil der Mensch wegen der eventuellen Hafenerweiterung in Moorburg nicht mehr jeden Quadratmeter optimiert.

16. Jahrhundert, die einen Eindruck von ihrer Wehrhaftigkeit vermitteln. Außerdem existieren Baurechnungen, Prozessakten und anschauliche Berichte.

So hat Hamburg etwa im Frühjahr 1572 einmal sieben Schiffe mit über 100 Landsknechten, Geschützen und Munition in die Moorburg geschickt, um sie zu befestigen. Angesichts einer umwallten und von einem Wassergraben umgebenen Innenfläche von nur knapp über 1.000 Quadratmetern und einem Burggebäude von nur acht mal acht Metern Grundfläche kann man sich die Enge gut ausmalen.

Ist schon von der Burg im Moor nichts mehr sichtbar, so lohnt dennoch ein Abstecher zur nahen Kirche, in der ein Weihwasserbecken ausgestellt wird, das erst vor wenigen Jahren im Münchner Kunsthandel auftauchte. Es stammt aus der Zeit um 1500 und trägt als Inschrift die älteste erhaltene Nennung Moorburgs.

Wenige Meter weiter erhebt sich die Kattwykbrücke über die Elbe, ein beeindruckendes technisches Wunderwerk aus dem Jahr 1973. Mit ihren 70 Meter hohen Endportalen, einer Hubhöhe von 46 Metern und einer Durchfahrtshöhe von 53 Metern war sie zum Zeitpunkt ihrer Erbauung die weltweit größte Hubbrücke. Ihr 2020 eingeweihter Nachfolger ist nun Deutschlands größte, zudem mit einer Spannweite von über 130 Metern Europas längste Hubbrücke.

Die St. Maria-Magdalena-Kirche wurde 1597 als Fachwerkbau direkt am Moorburger Elbdeich errichtet. Zusammen mit dem sie umgebenden Friedhof hat das Ensemble den Charme einer Zeitkapsel, die den ländlichen Charakter einer vergangenen Epoche konserviert.

Historische Fachwerkhäuser und Bauernkaten säumen die Straße entlang dem alten Elbdeich von Moorburg. Schwere Fahrzeuge kommen den Fassaden in der engen Dorfstraße oft beängstigend nahe, der Radweg auf der Deichkrone ist hingegen wunderbar abgeschieden.

Nach der Ortschaft ist auch das gewaltige Kohlekraftwerk Moorburg benannt, hochmodern und effizient, doch aus politischem Kalkül nach kurzer Zeit bereits wieder außer Betrieb genommen.

Burg Horneburg

Nur ein Buchstabe unterscheidet die Horneburg von der Horeburg und beide hatten sich als Grenzfestungen genau im Blick

Das Herrenhaus von Horneburg iegt direkt neben einem kreisrunden Wassergraben, der neist die mittelalterliche Wasserburg.

Horneburg ist ein wunderbares Beispiel dafür, dass Burgen nie isoliert betrachtet werden dürfen, sondern immer in Abhängigkeiten stehen und Teil eines engmaschigen Beziehungsgeflechts aus Topografie, Politik und Handel sind.

Die Lage der namengebenden Horneburg erschließt sich mustergültig aus ihrer verkehrsstrategischen Topografie: Genau hier kreuzen sich zwei bedeutende Handels- und Heerwege, nämlich die südlich entlang der Elbe verlaufende West-Ost-Verbindung, die die moorige Marschniederung meidet und nahe der Geestkante Horneburg passiert, und die wichtige Nord-Süd-Verbindung entlang der Lühe, die zudem in Horneburg an einer Furt überquert werden konnte. Die um 1255 erbaute Wasserburg vermochte von hier aus beide Wege sehr gut zu kontrollieren.

Doch nicht nur diese topografischen Vorzüge waren ausschlaggebend für die Anlage der Wasserburg, sondern politische Entwicklungen, die sich 25 Kilometer Elbe-aufwärts an der fast namensgleichen Horeburg im heutigen Harburg abspielten.

Ein hoher Turm, umgeben von reichlich Wasser: So muss sich ein Storch das Paradies vorstellen, so findet er es mustergültig in Horneburg vor.

Der Park rund um das ehemalige Horneburger Schloss ist seit 1840 als englischer Landschaftsgarten angelegt, eine Reminiszenz an die von 1714 bis 1837 bestehende Personalunion des Königreichs Hannover mit Großbritannien, als der König von Hannover gleichzeitig König von Großbritannien war.

Mehr als ein Jahrhundert lang war nämlich die Horeburg als Grenzfestung umkämpft, die wahlweise als militärischer Eckpfeiler am nordöstlichen Rand des Erzstifts Bremen oder aber als nordwestlicher Stützpunkt der gegnerischen Welfenherzöge fungierte. Als schließlich die Horeburg 1257 endgültig an das Herzogtum Braunschweig-Lüneburg fiel, musste der mächtige Hamburg-Bremische Erzbischof Gerhard II. (*um 1190 – †1258) als Landesherr reagieren und machte die Horneburg zur Grenzfestung gegen Harburg und die Welfen.

Im Laufe der Zeit verlor die Horneburg ihre militärische Bedeutung, und der unwirtliche Bau wurde aufgegeben. Nach schweren Schäden im Dreißigjährigen Krieg ließen abziehende schwedische Truppen die Burg ganz abreißen. Immerhin wurde der Burggraben nicht verfüllt, so dass der kreisrunde Wassergraben das einstige Burggelände noch heute umgibt, das Teil eines malerisch angelegten englischen Landschaftsgartens ist und zum Flanieren einlädt.

Was wie ein Landschloss aussieht, ist das um 1840 errichtete Herrenhaus, das zunächst als eingeschossiger Fachwerkbau konzipiert war, 1886 aber um ein Stockwerk erhöht und mit Gauben und Turm versehen wurde, wo heute sogar ein Storchennest die Gäste aus dem Süden beherbergt.

Im ehemaligen Pferdestall des Guts ist das regionale Handwerksmuseum untergebracht, das aber auch auf die Burg und ihre Burgmannen eingeht.

Einer davon war im 14. Jahrhundert der Ritter Heinrich IV. von Borch (*um 1290 – †1347), der als Raubritter dem Erzbischof von Bremen und anderen Adligen das Leben schwer machte. Mehrfach gelang ihm die Flucht, und auch eine langjährige Kerkerhaft überstand er, so dass er den Beinamen „Isern Hinnerk“ erhielt, der „Eiserne Heinrich“. Eine moderne Bronzestatue des legendären Burgherrn steht heute an der Langen Straße 38 im Ortskern.

Das 1886 umgebaute Herrenhaus zeigt eine Stilmischung aus niedersächsischem Fachwerk und englischem Tudor-Stil.

Die Liebfrauenkirche, 1396 erstmals erwähnt, ist eine Stiftung der Horneburger Burgmänner. Nach ihrer Zerstörung im Dreißigjährigen Krieg wurde sie in barocken Formen neu erbaut.

Im Horneburger Rathaus befand sich seit 1615 die Posthalterei mit Ausspann. Die heutige Fassade stammt von 1862 und zeigt als Eingang die für das Alte Land typische säulengestützte Loggia.

Schloss Agathenburg

Die Geschichte des Örtchens Lieth, eines Feldherrn und seiner Gattin Agathe

An „Schloss“ Agathenburg stimmt eigentlich gar nichts, weder Burg, noch Schloss, noch der Ortsname, aber der Reihe nach.

Heute ist es kaum vorstellbar, dass Schloss Agathenburg 1921 nur mehr eine ausgebrannte Ruine war.

Der heutige Ort Agathenburg hieß nämlich im Mittelalter Lieth. Schon in Urkunden des 12. Jahrhunderts taucht ein bremisches Adelsgeschlecht namens Von der Lieth auf, das aus eben jenem Dorf Lieth bei Stade stammt und später auch in Schweden ansässig war. Viel zu berichten gibt es sonst aus Lieth über viele Jahrhunderte nicht, bis 1652, kurz nach dem Ende des Dreißigjährigen Krieges (1618 – 1648), der schwedische Generalgouverneur Hans Christoph von Königsmarck (*1605 – †1663), Statthalter des damals schwedischen Herzogtums Bremen und Verden, dort ein älteres Gut erwarb. Stammsitz dieses Adelsgeschlechts war die Burg Königsmark bei Stendal in der Altmark. Besagter Königsmarck ließ übrigens 1645, noch in den letzten Kriegsjahren, als schwedischer Generalfeldmarschall die nur knapp sieben Kilometer entfernte Horneburg abreißen. Als erfolgreicher Heerführer wurde er 1651 durch die schwedische Königin

Der Schlosspark mit dem großen Teich grenzt unmittelbar an die S-Bahnlinie von Hamburg nach Stade. Kulturverliebte können am kleinen Bahnhof Agathenburg aussteigen.
Im Teich sucht eine Holzskulptur von Jonas Kötz (*1965) seit 2003 den Blickkontakt – so ihr Titel – zu ihrem Gegenstück am Ufer.

Christina (*1626 – †1689) in den schwedischen Grafenstand erhoben, und so ließ er sich im Jahr darauf in Lieth nieder, ganz in der Nähe der Residenz und Verwaltungszentrale in Stade. Und wenn schon Graf, dann musste es gefälligst auch ein Schloss sein, das er 1655 fertigstellte und nach seiner Gemahlin Agathe von Leesten (*1608 – †1671) standesgemäß als Schloss Agathenburg benannte, wie auch gleich das ganze Dorf.

Zusammen mit dem Schloss entstanden zugleich ein Torhaus, der Marstall, eine Brauerei und Wohnungen für die Dienerschaft, und dieses Ensemble bildet heute noch den Ehrenhof vor dem

In der Elbeniederung unterhalb von Schloss Agathenburg war früher ein Renaissance-Garten angelegt, während man dort heute durch einen Landschaftspark flanieren kann.

Den Ehrenhof vor Schloss Agathenburg schmückt ein liebevoll gepflegter Ziergarten.

Durch seine Lage an der hohen Geestkante lassen sich von Schloss Agathenburg aus die Elbeniederung und das Alte Land weit überblicken.

Schlossgebäude. Als schwedischer Graf orientierte sich Königsmarck architektonisch an den Vorbildern des schwedischen Adels. An der Niederelbe entstand so ein kleines Stück Schweden, das stilistisch allerdings auf eigentlich veraltete Vorbilder aus der Renaissance zurückgreift.

Obwohl nun sogar das ganze Dorf nach der Gattin hieß, lebten auf Schloss Agathenburg nur drei Generationen derer von Königsmarck. Nach einigen Jahren des Leerstands erwarb 1740 das Kurfürstentum Hannover das Schloss als Sitz des Amtmanns für die Verwaltung Stades. Als 1866 das Königreich

Hannover zur preußischen Provinz Hannover wurde, kam Agathenburg unter den Hammer und wurde durch einen Landwirt ersteigert. 1921 ließ ein verheerender Brand nur die Außenmauern und den Treppenturm stehen, doch wurde der Bau wieder hergerichtet. Seit 1985 betreibt schließlich der Landkreis Stade das Anwesen, das heute durch die Kulturstiftung betreut wird und ganzjährig ein reichhaltiges Kulturprogramm anbietet. Es gibt ein Café und einen Museumsshop, außerdem können die Räumlichkeiten des Schlosses und der Pferdestall für Tagungen und Feste angemietet werden.

Forscher suchen und Forscher streiten

Drei frühe Burgen
im Süden Hamburgs
Falkenberg, Rönneburg, Hollenstedt

Burg Falkenberg

Erbauer und Zerstörer der Burg sind unbekannt, aber ein berühmter Pirat soll seinen Schatz dort versteckt haben

Der Falkenberg überragt seine Umgebung deutlich und ist heute dicht bewaldet, ganz im Gegensatz zum Mittelalter, als hier die Burg bestand.

Beim Namen Falkenberg mag man leicht an eine Turm- und Erker-bewehrte Burg im Mosel- oder Rheintal denken. Enttäuschung muss sich dennoch nicht einstellen, denn der in Hamburgs Süden in Neugraben steil aus dem Naturschutzgebiet Fischbeker Heide aufragende Falkenberg ist mit seinen 65 Metern über Normalnull durchaus imposant, eingebettet in eine malerische Heidelandschaft, die durch zahlreiche Rundgänge erschlossen ist.

Die starke Bewaldung des Berges gibt seine einst sehr günstige strategische Lage nicht gleich zu erkennen. Aber von hier aus ließ sich nach Norden das Elbtal von Buxtehude bis nach Harburg weit überblicken. Hinzu kommt die Nähe eines Baches, der Falkenbek, der im 16. Jahrhundert zu einem Graben bis an die Süderelbe ausgebaut worden ist. Dieser „Neue Graben“ wurde namengebend für den Stadtteil Neugraben und markierte alte territoriale Besitzverhältnisse. Vor 1144 war nämlich das Gebiet östlich der Falkenbek Eigentum der Stader Grafen, ging danach in den Besitz der Bremer Erzbischöfe über und fiel 1236 an die Herzöge von Braunschweig-

Die Hausbrucher Heide erstreckt sich zu Füßen des Falkenberges und ist für Wanderfreunde ein echter Geheimtipp.

Dichter Wald und weitläufige Heidevegetation lassen rund um den Falkenberg das Herz des Naturliebhabers höher schlagen.

Lüneburg. Die Burg könnte also gut zur Sicherung des Herrschaftsgebiets der Stader Grafen und zur Überwachung der Elbniederung errichtet worden sein, auch wenn es darüber – wie so oft – keinerlei schriftliche Quellen gibt.

Die Hauptburg lag auf der Bergkuppe, die ein sichelförmiges Plateau von 80 Metern Länge und 15 Metern Breite bildet. Nach Nordwesten erstreckt sich eine ausgedehnte, bis zu 100 Meter lange und terrassenartig aufsteigende Vorburg, von Wall und Graben umschlossen und durch einen Querwall mit Graben zweigeteilt. Der Zugang in die Vorburg lag im Nordwesten, wo eine Unterbrechung im Graben und Wall einen Tordurchlass anzeigt. Ein zweites Tor führte vermutlich am Westhang direkt in die Hauptburg. In dieser Vielgliedrigkeit ist die gesamte Anlage einzigartig und eines der bedeutendsten Bodendenkmäler der Region.

Nicht nur die Burgherren schätzten einst den Fernblick, sondern seit der Wende zum 20. Jahrhundert auch die Wochenendausflügler, für die 1905 auf der Osthälfte des Plateaus ein Ausflugslokal mit diversen Nebengebäuden errichtet wurde. Dabei hat man Siedlungsspuren, Scherben und Eisenteile gefunden, die eine Nutzungszeit vom 9. bis zum 13. Jahrhundert nahelegen. Wertvolles war nicht dabei, denn der ganze Berg war schon zuvor häufig das Ziel von Schatzsuchern. Nach einer Lokalsage habe auf dem Falkenberg Gödeke Michels (†1401), der Seeräuber-Kumpan von Klaus Störtebeker (*um 1360 – †1401) und zu seinen Lebzeiten der bekanntere von beiden, gehaust und hier seinen Schatz vergraben, bevor er schließlich 1401 auf dem Grasbrook in Hamburg hingerichtet wurde.

Der Gaststättenbetrieb endete erst 1974 mit einem Brand des Gebäudes, bei dessen Abbruch auch das Bergplateau planiert und mögliche archäologische Befunde zerstört wurden. So muss man sich bei der Erforschung des Falkenberges bis auf Weiteres mit Piratenlegenden und Vermutungen zu den Stader Grafen begnügen. Immerhin berichtet der Chronist Albert von Stade (*um 1187 – †1264) in seiner 1240 begonnenen Weltchronik, dass Herzog Heinrich V. der Ältere von Braunschweig

Wie antike Tempel im Dschungel holt sich die Natur auf dem Falkenberg zurück, was ihr gehört. Die Mauerreste stammen nicht von der Burg, sondern vom Ausflugslokal von 1905.

(*um 1173 – †1227), kein Geringerer als der älteste Sohn Heinrichs des Löwen (*1129 – †1195), die Burg *Valkenberch* erbaut habe. Der Haken ist nur, dass unklar bleibt, ob damit überhaupt der Falkenberg an der Elbe gemeint ist.

Die weitläufige Fischbeker Heide, aber auch schon die am Fuße des Falkenberges sich ausdehnende Hausbrucher Heide sind malerisch und als Geheimtipp eine echte Alternative zur touristisch strapazierten Lüneburger Heide.

In zwei Kilometer Entfernung erstreckt sich der Archäologische Wanderpfad mit einem für Hamburg einzigartigen Ensemble von Grabdenkmälern aus der Stein-, Bronze- und Eisenzeit. Bei einem Spaziergang auf dem Wanderpfad begibt man sich auf die Spuren der Vorfahren mit ihren sich wandelnden Bestattungssitten. Schautafeln erläutern Baumsärge, Großstein- und Hügelgräber und zeigen Ausgrabungsfunde. In Verbindung mit einem Besuch der Ausstellung im benachbarten Fischbeker Heidehaus lohnt sich ein Ausflug besonders.

Spannend ist auch die Beobachtung der Starts und Landungen auf dem nahen Segelfluggelände Fischbek vom Aussichtspunkt aus, der zum Picknick einlädt. Oder man besucht weiter südlich in Alvesen den Wildpark Schwarze Berge und das Freilichtmuseum am Kiekeberg. Eine echte Überraschung bietet der Lehrpfad Braunkohlebergwerk Robertshall, denn nach dem Ersten Weltkrieg wurde dort tatsächlich in nennenswertem Umfang untertägig Braunkohle für die Harburger Phoenix-Werke abgebaut, als der Nachschub aus dem Ruhrgebiet versiegt war und um im erneuten Kriegs- und Krisenfall eine autarke Energieversorgung für die Harburger Betriebe sicherzustellen.

Vom Falkenberg hat man einen weiten Blick über die Elbniederung und den Hafen bis zum Michel.

Gödeke Michels

Mit zunehmendem Erfolg der Hanse entwickelte sich die Piraterie zu einer echten Plage. Die Seeräuber, die sich selbst *Likedeeler* nannten, weil sie ihre Beute zu gleichen Teilen (*liken deelen*) untereinander vergaben, schlossen sich zur Bruderschaft der Vitalienbrüder zusammen und stellten eine echte Bedrohung für den Handel auf der Nord- und Ostsee dar. Einer ihrer Anführer und eine gefürchtete Berühmtheit im späten 14. Jahrhundert war Gödeke Michels (†1401), mehr sogar noch als sein Mitstreiter Klaus Störtebeker (*um 1360 – †1401). Als die Überfälle immer dreister und die Verluste der Händler immer größer wurden, beschlossen die Hamburger Kaufleute, Jagd auf die Piraten zu machen. 1401 konnte er endlich gefasst werden und wurde noch im selben Jahr auf dem Grasbrook in Hamburg zusammen mit weiteren Piraten hingerichtet, nachdem zuvor bereits sein alter Weggefährte Störtebeker und weitere 72 Vitalienbrüder dasselbe unrühmliche Ende genommen hatten.

Die Rönneburg

Ihre Unterschutzstellung rettete sie vor der Zerstörung durch Sandabbau, nun wird sie archäologisch erforscht

Des einen Freud ist des anderen Leid: Dichter Baumbewuchs gefährdet mit seinem Wurzelwerk das Bodendenkmal Rönneburg.

Wie zahlreiche andere Burgen auch, so avancierte die Rönneburg gegen Ende des 19. Jahrhunderts zu einem beliebten Ausflugsziel. Die zunehmende Industrialisierung der Städte weckte die Sehnsucht nach sauberer Landluft, die man sonntags am einzigen freien Tag der Woche genießen wollte. Außerdem veränderten damals die durch historisches Fachwerk geprägten Ortschaften ihr Gesicht dramatisch, weshalb man gerade auf den Burgen in Mittelalter-Sehnsucht schwelgen konnte. So entstanden auf vielen Burgen beliebte Ausflugslokale, meist auf dem höchsten Punkt gelegen, wie auf dem Falkenberg in Neugraben-Fischbek oder auf dem Süllberg in Blankenese. In Rönneburg mied man zur Freude der Denkmalpflege die Kuppe und erbaute die Gaststätte Rönneburger Park zu Füßen des Burgberges, wo sie bis heute existiert, inzwischen aber griechische Spezialitäten anbietet.

Der aus seinem Ausflugscharakter resultierenden Popularität hat der Burgberg wahrscheinlich seinen Erhalt zu verdanken. Die Rönneburger begannen nämlich in den 1930er Jahren mit dem großflächigen

Der mächtige Burgwall der Rönneburg ist bis heute unerforscht. Beinahe wäre er dem Sandabbau zum Opfer gefallen.

Abbau von Kies und Sand, wodurch vor allem im nordwestlichen Bereich bereits Teile der historischen Zufahrt und der Vorburg zerstört wurden. Unter Federführung des damaligen Helms-Museums, heute Archäologisches Museum Hamburg, gelang es in letzter Minute, den weiteren Abbau durch Unterschutzstellung des gesamten Berges zu unterbinden, wobei erstaunlicherweise nach zähem Ringen nicht etwa der Denkmalschutz obsiegte, sondern das Reichsnaturschutzgesetz den Ausschlag gab.

Schon von weitem sichtbar überragt der Burgberg die Elbniederung an ihrem Geestrand um 20 Meter.

Heute zwar dicht bewaldet bot die Höhe den Burgherren also einst hervorragende Weitsicht bis ins Lüneburger Land und vor allem über die weite Niederung der Elbe, die sich hier an der Bunthäuser Spitze in die Süder- und Norderelbe aufspaltet.

Der Zugang zur Burg erfolgte über ein Tor auf der Nordseite, die durch eine Vorburg aus vorgelagertem Wall mit Graben zusätzlich gesichert war. Die gleichen Schutzmaßnahmen wurden an der Ostflanke der Anhöhe getroffen. Die Bergkuppe ist eingeebnet und bildet ein rechteckiges Plateau mit leicht bogenförmigen Seiten und einer Fläche von 80 mal

Über eine steile Holzbohlentreppe kann man den Burgberg vom dörflichen Rönneburg aus erklimmen.

34 Metern, das von heute noch zwei Meter hohen Erdwällen umschlossen ist. Auf der Wallkrone verläuft ein Rundweg mit gut zwei Metern Breite, während der Wallfuß durchgehend knapp zehn Meter misst.

So dominant Berg und Burg die Landschaft überragen und sogar namengebend für die Ortschaft waren, so wenig weiß man über ihre Geschichte. Ihre Erbauer bleiben sogar völlig im Dunkeln. Und selbst das Wenige, das durch stete Wiederholung zum festen Kanon der Heimatforschung geworden ist, hält einer kritischen Prüfung nicht stand.

So ist es zwar möglich, aber eben nicht belegbar, dass die Burg nach der „Rönne" benannt wurde, einem ehemaligen südlichen Seitenarm der nahen Elbe. Frei aus der Luft gegriffen sind auch frühe Datierungsansätze der Burg, die sie – dem germanentümelnden Zeitgeist entsprechend – zu einer altsächsischen Gauburg, eine Zufluchtsstätte für die Landbevölkerung, erklären, und selbst Bischof Ansgar (*801 – †865), der in der Nähe der „Runenborg“ nach 845 Filialkirchen gegründet haben soll, muss als Kronzeuge für das karolingische Alter herhalten. Tatsächlich wird aber die Burg explizit in keiner historischen Quelle jemals genannt, nur die Ortschaft „Runneborge“ taucht 1233 erstmals urkundlich auf. Daraus hat man im Umkehrschluss gefolgert, dass die Burg zu dieser Zeit bereits außer Funktion gewesen sein und somit ein viel höheres Alter haben müsse.

Da bislang noch keine Ausgrabungen auf der Burg durchgeführt worden waren, die Klarheit hätten bringen können, beschloss das Archäologische Museum Hamburg 2022 im Rahmen einer Forschungskooperation mit dem Institut für Vor- und Frühgeschichte der Universität Hamburg, in einer Lehrgrabung – bei der künftige Archäologen ihr Handwerk erlernen – mehrere Wallschnitte anzulegen. Die Ergebnisse indes sind bislang sehr ernüchternd: Die heutige Gestalt des mächtigen Burgwalls mit seinem Rundweg auf der Krone scheint erst um 1900 für den zunehmenden Ausflugsverkehr angelegt worden zu sein. Immerhin zeichnen sich Reste eines mittelalterlichen Kernwalls ab, die aber so unscheinbar und vor allem nur lose

Den Burgberg umzieht ein Rundwanderweg, der auf dem Scheitel des mächtigen Burgwalls verläuft.

aufgeschüttet sind, dass weitere Grabungskampagnen angesetzt werden müssen, um dem Rätsel Rönneburg auf die Spur zu kommen.

Ein Ausflug lohnt aber dennoch allemal, denn der Ausblick ist beeindruckend, ebenso der alte Baumbestand mit einer wunderbar knorrigen Buchengruppe am südöstlichen Bergfuß, wo auch eine steingefasste Quelle entspringt. Genau gegenüber liegt das einstige Atelier- und Wohnhaus der weltberühmten Konzeptkünstlerin Hanne Darboven (*1941 – †2009), die ihre Arbeiten gern unter Angabe der vollen Adresse „Am Burgberg 26“ signiert und so für die Bekanntheit der Rönneburg selbst in Übersee gesorgt hat. Das Dokumentationszentrum der Hanne-Darboven-Stiftung kann nach Voranmeldung besichtigt werden.

Am Fuße des Burgbergs ist eine natürliche Quelle in Stein eingefasst.

Der Burgwall von Hollenstedt

Lange galt die Burg als Verhandlungsort Karls des Großen, bis Ausgrabungen ihr wahres Alter aufdeckten

Die Alte Burg von Hollenstedt, gern auch – wenngleich zu Unrecht – als „Karlsburg" tituliert, ist hinsichtlich ihrer Forschungsgeschichte mindestens ebenso spannend wie ihre archäologische Bedeutung.

Sie zeigt nämlich geradezu beispielhaft die Fallstricke einer allzu eilfertigen Übertragung bruchstückhafter historischer Überlieferung auf den archäologischen Befund. Erste Funde von Keramikscherben in den 1930er Jahren hielt man nach damaligem Kenntnisstand für slawische Ware und brachte sie daher in Verbindung mit Nachrichten aus dem Jahr 804. Sie schildern nämlich ein Treffen Karls des Großen (*747 – †814) mit Drasco (*vor 789 – †810), einem Fürsten des Slawenstammes der Obodriten, und mit einer Gesandtschaft des dänischen Königs Göttrik (†810) an einem Ort namens *Holdunsteti*, den die Forschung in Hollenstedt vermutet. Lage und Größe der „Alten Burg" wären durchaus passend, was Ausgrabungen 1968 bis 1974 bestätigt haben: Der Durchmesser der Ringwallanlage betrug 80 Meter, umgeben von einem maximal einen Meter tiefen Graben und einem acht Meter breiten Wall.

Eine Hälfte des Burgwalls von Hollenstedt wurde rekonstruiert, so dass der mächtige Ringwall heute wieder seine ursprüngliche Dimension aufweist.

Ehrenamtliche des Heimat- und Verkehrsvereins Estetal haben im Burginneren einen Kräutergarten nach karolingischem Vorbild liebevoll angelegt.

Das Innere des Burgwalls, heute mit einer saftigen Wiese begrünt, war vor über 1.000 Jahren dicht mit Holzhäusern bestanden.

Die Burg fiel im 10. Jahrhundert einem großen Brand zum Opfer, wobei eine im Wall steckende Pfeilspitze und ein im Burggraben gefundener menschlicher Oberschenkelknochen Hinweise auf einen Angriff liefern. Erneut fanden sich Scherben, die mit Wellenbändern und Kammstrichmustern nach slawischer Art verziert waren. Entsprechend sah der Ausgräber die Datierung zu Beginn des 9. Jahrhunderts bestätigt und prägte für die Anlage den bis heute populären Namen Karlsburg. Erst später gelang es, einige ausgegrabene Bauhölzer anhand der Baumringchronologie jahrgenau zu datieren, allerdings mit ernüchterndem Ergebnis: Sämtliche Daten sprachen für eine Entstehung erst zwischen 850 und 950, weshalb der Ausgräber seine Meinung revidieren und von Karl dem Großen als Bauherrn Abschied nehmen musste. Ein weiterer Archäologe widmete sich Mitte der 1990er Jahre erneut dem Burgwall und seinem Fundmaterial. Dabei kam er zu dem Schluss, dass die Anlage zwei Bauphasen aufweise. Sie sei sehr wohl zu Beginn des 9. Jahrhunderts errichtet worden, jedoch nicht von Karl dem Großen, sondern von den slawischen Obodriten, die 804 von Karl dem Großen die Herrschaft über Nordelbien anvertraut bekommen haben. Also glaubte er nun, eine typische Slawenburg vor sich zu haben. Die entschieden zu jungen Baumringdaten versuchte er mit dem Argument zu entkräften, dass es eben eine

Im bewaldeten Abschnitt hat sich der Burgwall im Original erhalten, so dass Archäologen hier bei Ausgrabungen wertvolle Erkenntnisse gewinnen konnten.

Der Burgwall liegt in einer Niederung unmittelbar an der Este, die hier durch einen romantischen Wanderweg erschlossen wird.

zweite jüngere Bauphase gegeben habe. Aus den beiden Theorien erwuchs ein erbitterter und unversöhnlicher Forscherstreit, ausgerechnet ausgetragen zwischen einem Museumsdirektor und seinem Mitarbeiter. Erst eine erneute Grabungskampagne des Archäologischen Museums Hamburg konnte 2014 die Datierung endgültig klären: Die Bäume für den Burgenbau wurden im Winter 892/893 gefällt. Weitere Holzproben machen ein Bestehen der Anlage bis in die Mitte des 10. Jahrhunderts wahrscheinlich, wo sie dann in einem Brand unterging.

Der ringförmige Wall ist nach Beendigung der Ausgrabungen rekonstruiert worden. Im Inneren hat man jüngst einen Kräutergarten mit Nutzpflanzen angelegt, wie sie im Mittelalter verbreitet waren. Über den sehr gut ausgeschilderten Estetal-Wanderweg erreicht man 1,5 Kilometer weiter nördlich Hollenstedt mit der hübschen alten Kirche im Zentrum und einem Denkmal für den berühmten Boxweltmeister Max Schmeling (*1905 – †2005), der von 1951 bis zu seinem Tod in Hollenstedt gelebt hat. Vier Kilometer esteaufwärts liegt das idyllische Örtchen Bötersheim mit seiner historischen Wassermühle, dem neugotischen Rittergut, einer 1000-jährigen Eiche und der 360 Jahre alten reetgedeckten Schmiede.

Billunger, Welfen und Askanier

Burgen des Hochadels im Südosten von Hamburg

Winsen, Lüneburg, Ertheneburg, Lauenburg

Schloss Winsen an der Luhe

Einst wurden hier Hexen verbrannt, heute residiert das Amtsgericht im Schlossgebäude

Winsen ist nicht reich an schönen Plätzen, aber der Park mit Schlossteich und dem sich darin spiegelnden Schloss ist wahrlich ein Ort zum Verweilen.

Es ist eine gewisse Ironie der Geschichte, dass das Winsener Schloss heute ausgerechnet als Amtsgericht genutzt wird. Schließlich war es zwischen 1610 und 1618 Schauplatz mehrerer Hexenprozesse, in denen nachweislich 36 Frauen und sogar zwei Männer zum Feuertod verurteilt und dann auch auf der Richtstätte an der Lüneburger Straße vor den Stadttoren verbrannt wurden.

Auch sonst ist nicht alles schmeichelhaft, was die frühe Geschichte Winsens betrifft. Schon der aus dem Mittelniederdeutschen stammende Name der Stadt, Winhusen, bedeutet soviel wie „Häuser an den Sümpfen". Derer gab es hier reichlich, denn Winsen liegt auf einem breiten Schwemmlandfächer, der an der Mündung der Luhe in die Ilmenau hier aufgeworfen worden ist. So entstand ein idealer Naturhafen, der bei Hoch- und Niedrigwasser genutzt werden konnte. Diese Situation führte aller Wahrscheinlichkeit nach zur Anlage einer Burg für die Sicherung und Kontrolle des Hafens, über deren Anfänge nichts bekannt ist. Anzunehmen ist aber, dass der Winsener Hafen von der durch Heinrich den

Diese Perspektive des Winsener Schlosses war eigentlich nie geplant, denn der fehlende Westflügel wurde erst nach einem Brand im 18. Jahrhundert abgebrochen, so dass heute nur mehr drei Flügel erhalten sind.

Löwen (*1129 – †1195) veranlassten Zerstörung des bedeutenden Handelsplatzes Bardowick 1189 profitiert hat, der nur 15 Kilometer entfernt vor den Toren Lüneburgs lag. Das Fälldatum eines bei Ausgrabungen geborgenen Eichenstammes aus dem Burgwall kann mit dem Jahr 1190 diese Abläufe perfekt bestätigen.

Winsen wurde ein weiteres Mal Kriegsgewinnler, als Herzog Magnus II. zu Braunschweig-Lüneburg (*1328 – †1373) nach der Zerstörung der herzoglichen Burg auf dem Lüneburger Kalkberg 1371 den Verwaltungssitz der Großvogtei in das hiesige Schloss verlegte, das nun wohl erheblich ausgebaut wurde. Eine Belagerung noch im gleichen Jahr im Zuge des Erbfolgekrieges konnte erfolgreich abgewehrt werden. Stadt und Schloss prosperierten durch die Verwaltung der welfischen Güter im Nordteil des Fürstentums Lüneburg, und so halfen die enormen Einkünfte dem Landesherrn immer wieder durch die Verpfändung aus der finanziellen Klemme, mehrfach etwa an Lüneburg, mal an Hamburg und Lübeck und sogar 1493 bis 1523 an die Kurfürsten von Sachsen.

Von 1593 bis 1617 war das Gebäude der Witwensitz von Dorothea von Braunschweig-Lüneburg (*1546 – †1617), die die Schlosskapelle im Turm umbauen ließ. Während des Dreißigjährigen Krieges kurierte der Heerführer Tilly (*1559 – †1632) 1627 mehrere Wochen lang im Schloss eine Verwundung aus. Die nächsten 200 Jahre diente es als Sitz der Amtmänner, bis 1852 das Amtsgericht einzog, das bis heute hier residiert. Im Laufe der Jahrhunderte kam es zu zahlreichen

Die Ostseite des Winsener Schlosses wird durch den massiven Schlossturm dominiert, in dessen Laterne eine Glocke schlägt. Ansonsten sind die Außenfassaden recht schmucklos.

Der Stein mit dem Wappen der Herzogin Dorothea von Braunschweig-Lüneburg über dem Eingangsportal ins Winsener Schloss erstrahlt nach der Renovierung in neuem Glanz.

An- und Umbauten, die aber wenig dokumentiert sind. So präsentiert sich das Schloss heute als recht schmuckloser dreiflügeliger Renaissancebau aus Backstein mit Fachwerkelementen vor allem im offenen Innenhof. Da der Bau seit Jahrhunderten als Amtssitz genutzt wird, finden sich kaum repräsentative höfische Details. Selbst die große Kanone im Hof hat das Schloss nie verteidigt, sondern wurde erst 1917 zur Dekoration hier aufgestellt.

Auch das Umfeld wurde erheblich umgestaltet, vor allem ab 1830, als das einst so bedeutende Hafenbecken im Norden des Schlosses nach und nach zugeschüttet wurde, da die aufkommende Dampfschifffahrt die Handelsströme veränderte. Heute bildet das vom Schlossteich umgebene Schloss mitsamt dem Park ein malerisches Ensemble und das Wahrzeichen der Stadt.

Das kulturelle Zentrum bildet der historische Marstall, ein um 1600 erbautes Fachwerkhaus. Wo früher Pferde und Kutschen standen, befinden sich heute das Heimatmuseum, die Touristeninformation und die Stadtbücherei, und der urige Saal wird für vielerlei Veranstaltungen genutzt.

Alte und neue Herrschaft: Gegenüber dem Winsener Schloss steht auf der anderen Seite des Schlossteichs das moderne Landratsamt des Landkreises Harburg.

Die Burg auf dem Kalkberg in Lüneburg

Einst das Herrschaftszentrum der sächsischen Herzöge, ist die Burg längst spurlos verschwunden, wie der halbe Berg, auf dem sie stand

Wo einst die mächtige Burg der Billunger-Herzöge stand, klafft heute ein tiefer Krater, der das Mittelalter vollständig getilgt hat.

Norddeutschland ist nicht gerade bekannt für seine Berge. Und gibt es dann ausnahmsweise mal einen echten Berg von immerhin knapp 80 Metern Höhe, hat er einen falschen Namen und wird abgetragen. Aber der Reihe nach.

Die meisten bekannten Erhebungen im weiten Umland Hamburgs sind nur Sandhaufen, die eiszeitliche Gletscher aus zermahlenem Gestein geformt und in die Landschaft geschoben haben. Ganz anders ist hingegen die Entstehungsgeschichte des Kalkberges im Westen der Lüneburger Altstadt. Er entstand vor gut 250 Millionen Jahren aus Meeresablagerungen. Ein tiefer liegender Salzstock drückte den Berg wie einen Hut nach oben, genau wie Helgoland oder den Kalkberg in Bad Segeberg. Das passiert sogar heute noch, um ungefähr zwei Millimeter pro Jahr. Der Lüneburger Kalkberg war ursprünglich rund 80 Meter hoch und daher der ideale Standort für eine mittelalterliche Burg.

Tatsächlich stand hier einst eine landesgeschichtlich überaus bedeutende Befestigung, von der aus das sächsische Adelsgeschlecht der Billunger 170

Terrassenförmige Abbaukanten im Steinbruch zeugen heute noch vom jahrhundertelangen Gipsabbau auf dem sogenannten Kalkberg in Lüneburg.

Jahre lang sein riesiges Reich regierte. Sie trug den Namen *Hliuniburg*, was so viel wie Zufluchtsort bedeutet und wovon sich der heutige Name der Salzstadt ableitet. Die Billunger haben selbst leider keine Geschichtsschreibung hinterlassen, und aus der langen Zeit ihrer Regentschaft sind nur fünf Herzogsurkunden überliefert, weshalb man über sie viel weniger weiß als etwa über die Welfen oder andere Adelsgeschlechter. Dabei wurde mit der Ernennung des Stammvaters Hermann Billung (reg. 936 – 973)

durch König Otto I. (*912 – †973) zu dessen Verwalter für ganz Sachsen eine in ottonischer Zeit beispiellose Dynastie begründet, die in direkter männlicher Folge fünf Generationen umfasst und erst mit Magnus Billungs Tod 1106 (*um 1045) endete.

Ihr Herrschaftsmittelpunkt befand sich stets in Lüneburg, während sich ihr Verantwortungsbereich über Sachsen hinaus auch nordöstlich der Elbe bis zur Ostsee erstreckte, also auch auf die Stämme der Elb- und Ostseeslawen, die ihnen zu Tributzahlungen

Seit 1932 steht der Kalkberg unter Naturschutz und bietet heute einen wunderbaren Ausblick auf die Lüneburger Altstadt mit der St. Michaelis-Kirche im Vordergrund.

Blick vom Kalkberg auf das Lüneburger Rathaus mit seinem kupferbeschlagenen Turm aus dem Jahr 1720, in dem ein Glockenspiel aus Meissener Porzellan erklingt.

Das als Gips-Mühle bezeichnete Gebäude am Fuße des Kalkberges von Lüneburg ist in Wirklichkeit ein historischer Gips-Brennofen, errichtet im Jahr 1819. Vorder- und Rückansicht (obere und untere Abbildung) wirken wie zwei unterschiedliche Gebäude.

Das Lüneburger Rathaus mit seiner barocken Marktfassade hat eine 700-jährige Baugeschichte und verfügt über 259 Räume.

Der Alte Kran ist das heimliche Wahrzeichen Lüneburgs. 1346 erstmals erwähnt, stammt der heutige Kran von 1797. Er hob einmal eine Dampflok mit 9,3 Tonnen Gewicht!

PELZE

verpflichtet waren. Im Westen und Süden grenzten die Billungergebiete an die Herrschaftsbereiche der Stader und Northeimer Grafen.

Die Burg auf dem Kalkberg, zur Zeit der Billunger ein Holz-Erde-Ringwall wie die Hammaburg, hatte bis weit nach ihnen Bestand und wurde erst 1371 im

Das großformatige Gemälde aus dem Museum Lüneburg stellt den regen Steinbruchbetrieb und die Verarbeitung von Gips auf dem Kalkberg dar.

Rahmen des Erbfolgekrieges durch die Lüneburger selbst zerstört, um zu verhindern, dass der Braunschweiger Herzog Magnus Torquatus (*1328 – †1373) die Regentschaft übernimmt.

Seither haben die Lüneburger den Berg nach und nach abgetragen, ohne zu ahnen, dass sie nicht Kalk, sondern Gips abbauten. Beide Stoffe sind sehr ähnlich und fungieren – mit Wasser angerührt – als Mörtel für den Hausbau. Die weißen Fugen in den Lüneburger Backsteinfassaden verraten noch heute die Herkunft vom Kalk- bzw. Gipsberg.

Im 18. und 19. Jahrhundert mussten Kettensträflinge den Gips aus den Steinbrüchen holen, damals nach der Todesstrafe die zweithärteste Strafe im Königreich Hannover. Ist ein Zuchthäusler entwischt, wurde die Kalkbergkanone abgefeuert, um die Bürger zu warnen. Schließlich gab es für die Ergreifung zehn Reichstaler Belohnung. Die Kanone steht noch heute dort, seit man sie 1829 von der Harburger Schlosszitadelle holte.

Der Gipsabbau endete 1922, seit 1932 steht das 7,6 Hektar große Areal unter Naturschutz und ist heute ein reiches Biotop, das vor allem im Sommer zum Flanieren einlädt. 105 Stufen führen auf den nur mehr 56 Meter hohen Bergstumpf, vorbei an einem Gedenkobelisken für die 1663 errichtete Garnisonskirche, die wegen Baufälligkeit 1783 abgebrochen worden ist. Der Blick über die wunderschöne Altstadt lohnt allemal.

Die Billunger – eine einzigartige Erfolgsgeschichte

Das sächsische Adelsgeschlecht der Billunger stellte von 936 bis 1106 fünf Generationen lang in direkter männlicher Linie die Herzöge in Sachsen. Am Anfang dieser in ottonischer Zeit beispiellosen Dynastie steht Hermann Billung (reg. 936 – 973), den König Otto I. (*912 – †973) zunächst zum *princeps militiae* und dann zum *procurator regis*, also zu seinem Verwalter für Sachsen, ernannt hat. Der Einflussbereich der Billunger reichte vom Harz bis an die Ostsee.
Diese Erfolgsgeschichte endete erst mit Magnus Billungs Tod 1106 (*um 1045) auf der Ertheneburg mangels männlicher Nachkommen. Bernhard II. (reg. 1011 – 1059), Erbauer der Neuen Burg, steht genau in der Mitte der fünf Generationen. Seine Hamburger Residenz war bis in die frühen 1020er Jahre die Hammaburg, danach die 1023 fertiggestellte Neue Burg.
Der Stammsitz der Billunger lag allerdings nie in Hamburg, sondern auf dem Kalkberg in Lüneburg. Dort wurden die Herzöge schließlich auch im billungischen Hauskloster St. Michaelis bestattet.

Dieser Stammbaum der Billunger entstand um 1300 und zeigt Herzog Hermann und seine Gemahlin Hildegard.

Ertheneburg und Artlenburg

Schicksalsort und Zollstation, Herrschaftssitz und Forschungsobjekt, eine Burg und viele Fragen

Wie ein Wächter der Vergangenheit umschlingt dichter Wald die Reste der Ertheneburg.

Die Ertheneburg stellt die Wissenschaft bis heute vor Rätsel. Obwohl sie im Mittelalter von großer Bedeutung war, mehrfach urkundlich erwähnt wird und Schauplatz wichtiger landesgeschichtlicher Ereignisse mit bedeutenden historischen Persönlichkeiten war, ist ihre genaue Lage und Identifizierung nach wie vor unklar. Denn eine Burgruine, seit der Neuzeit auch *Striepenburg* genannt, liegt zwar auf der rechten Elbseite, die Ortschaft mit dem zur Ertheneburg passenden Namen Artlenburg befindet sich aber am gegenüberliegenden linken Elbufer. Dort jedoch finden sich keinerlei Hinweise auf eine Burg, die in der hochwassergefährdeten Elbmarsch auch nicht zu erwarten ist. Die heutige Forschung neigt daher zu einem salomonischen Urteil: Die historische Ertheneburg erstreckte sich über beide Elbseiten und bildete einen doppelten Brückenkopf, hier die Burg, dort die Ortschaft. Diese Variante hat einiges für sich, wenn man die Lage Artlenburgs / Ertheneburgs genauer betrachtet. Im Mittelalter querte nämlich genau an dieser Stelle die bedeutende Alte Salzstraße von Lüneburg nach

Das Burginnere der Ertheneburg ist heute eine grüne Lichtung, umrahmt von den Bäumen auf dem Wall.

Reger Handelsverkehr hat die Salzstraße im Mittelalter als tiefe Hohlwege ins Gelände um die Ertheneburg eingeschnitten.

Lübeck an einer ehemaligen Furt den breiten Fluss. Diesen Flaschenhals mussten alle Warenströme, Fuhrwerke und Reisenden passieren. Hier konnten Zölle erhoben und Angreifer abgewehrt werden, hier war also der ideale Ort für die Anlage einer der Kontrolle dienenden Burg.

Die Ertheneburg, benannt nach einem heute verlandeten und nicht lokalisierten Seitenarm der Elbe, wird 1106 erstmals urkundlich erwähnt, als Herzog Magnus (*um 1045 – †1106) dort stirbt. Er hatte keine Söhne, so dass mit ihm das große sächsische Herzogsgeschlecht der Billunger im Mannesstamm erlosch. Geschichte scheint sich manchmal zu wiederholen, denn mit den slawischen Nakoniden findet ein weiteres Adelsgeschlecht sein Ende auf

Blick von der Ertheneburg nach Süden auf das gegenüberliegende Elbufer und den Kirchturm von Artlenburg

Gegenüber dem Fähranleger von Artlenburg lädt am Fuße der hohen Geestkante das Café Alter Sandkrug zur Rast ein, rechts oberhalb im Wald liegen die Reste der Ertheneburg.

Der erhöht auf einer Wurt an der alten Salzstraße stehende wuchtige Kirchturm von St. Nicolai in Artlenburg kann seinen ursprünglichen Charakter als Wehrturm nicht verleugnen.

der Ertheneburg, als 1129 der letzte männliche Nachkomme Swineke dort erschlagen wird. Von geradezu epochaler Bedeutung ist ein Vorgang aus dem Jahre 1161, der als Geburtsstunde der Hanse bezeichnet wird. Damals stellte Herzog Heinrich der Löwe (*1129 – †1195) anlässlich eines Landtages auf der Ertheneburg, seinem nordelbischen Herrschaftszentrum, das sogenannte „Artlenburger Privileg" aus, das erstmals in der Handelsgeschichte für zwei Städte, nämlich Visby auf Gotland und Lübeck, den gegenseitigen ungehinderten Handel regelte.

1181 geht die Burg schließlich unter, in Brand gesteckt durch Heinrich den Löwen selbst auf der Flucht vor Kaiser Friedrich Barbarossa (*um 1122 – †1190), seinem übermächtigen Vetter. Sie wurde abgetragen und das Baumaterial, wie es heißt, für die Errichtung der nahen Lauenburg verwendet. Der mächtige Ringwall verfiel, wobei Karten des 18. Jahrhunderts ihn noch kreisrund darstellen. Da heute nur mehr ein halbkreisförmiger Restwall erhalten ist, muss die südliche Hälfte der Burg im Laufe der Zeit den 30 Meter hohen Steilhang zur Elbe hinabgestürzt sein. Mit einer Innenfläche von 65 mal 100 Meter sind die Reste der Ertheneburg auch heute noch beeindruckend, wozu auch der 3,50 Meter hohe und an der Basis 16 Meter breite Wall beiträgt. Der vorgelagerte Graben weist noch eine Tiefe von 2,50 Metern auf.

Die schlaglichtartigen Erwähnungen und Ereignisse zeigen, dass an diesem Ort europäische Geschichte geschrieben worden ist, auch wenn er heute verschlafen im Wald hoch über dem Elbufer liegt. Die archäologische Erforschung der Burganlage wird jedenfalls ihrer Bedeutung in keiner Weise gerecht. Kleinflächige und schlecht dokumentierte Schürfungen der 1920er, 1950er und 1970er Jahre erbrachten fast keine verwertbaren Befunde und kaum aussagekräftiges Fundmaterial, das aber wenigstens zu den in den Urkunden erwähnten Vorgängen im 12. Jahrhundert passt.

Im frühen 13. Jahrhundert taucht in den Schriftquellen ein *Novam Ertheneburg* auf, das zwischendurch 1205/1206 sogar durch den Dänenkönig Waldemar II. (*1170 – †1241) zerstört wird. Bei dieser Neuen Ertheneburg wird es sich sicherlich um den Vorgänger der heutigen Ortschaft Artlenburg handeln.

Heinrich der Löwe

Heinrich der Löwe (*1129 – †1195) aus dem Adelsgeschlecht der Welfen, Herzog von Sachsen und Bayern, war eine der bedeutendsten Persönlichkeiten des Hochmittelalters. Als Urenkel des letzten Billunger-Herzogs gehörte er dem höchsten sächsischen Adel an und war im Norden fest verwurzelt. 1152 hatte er entscheidenden Anteil an der Königskrönung seines Cousins Friedrich Barbarossa (*1122 – †1190), der ihn fortan zum zweitmächtigsten Mann im Deutschen Reiche machte, was ihm auch viele Gegner einbrachte. In Norddeutschland hatte er eine königsgleiche Stellung inne und machte Braunschweig zu seinem Herrschaftszentrum, wo die berühmte Bronzeskulptur des Löwen seine Macht bis heute versinnbildlicht.
Als Heinrich dem Kaiser 1176 seine militärische Unterstützung in Italien verwehrte, fiel er bei Barbarossa jedoch in Ungnade und wurde weitgehend entmachtet. In der Folge kam es zum endgültigen Bruch zwischen den Welfen und den Staufern. Später versuchte er, seine alte Machtstellung zurückzugewinnen, bemächtigte sich der Grafschaft Stade und war von 1189 bis 1192 sogar wieder Herr über Hamburg. Der wichtige Handelsort Bardowick, der sich dem Löwen nicht unterwerfen wollte, wurde von ihm 1189 vollständig niedergebrannt.
Am Ende aber zog sich Heinrich der Löwe nach Braunschweig zurück, durch den neuen Kaiser Heinrich VI. (*1165 – †1197), Barbarossas Sohn, zwar rehabilitiert, aber ohne sein Herzogtum zurückerobert zu haben, und starb dort 1195.

Die Gedenkmedaille von 1861 zur 1000-Jahr-Feier der Stadt Braunschweig zeigt Heinrich den Löwen mit dem Modell des Braunschweiger Domes auf dem Arm. Vorlage ist sein Grabmal im Dom.

Schloss Lauenburg

Der dreigeschossige runde Turm und der Fürstengarten erinnern an die Zeit der askanischen Herzöge

Das malerische Städtchen Lauenburg an der Elbe ist ähnlich der Insel Helgoland zweigeteilt in eine sich direkt am Elbufer erstreckende untere Altstadt und die sogenannte Oberstadt. Hier, gut 50 Meter hoch über dem Strom, stehen auf dem Schlossberg die Überreste des einstigen Schlosses. Hat man die Stufen erst einmal erklommen, erschließt sich sofort die strategisch günstige Lage, die auf weiter Strecke den Überblick und damit die Kontrolle über den Schiffsverkehr auf und den Warentransport entlang der Elbe ermöglicht. Der Berg ragt an allen Seiten steil auf und ist durch breite Erosionstäler vom hohen Geestufer abgetrennt, somit schwer anzugreifen und leicht zu verteidigen.

Vom 1616 abgebrannten Schlossbau aus der Zeit von Herzog Franz II. von Sachsen-Lauenburg (*1547–†1619) ist nur mehr ein Flügel erhalten, dessen weiße Südfassade den Lauenburger Schlossberg weithin ins Elbtal sichtbar macht.

Einst war die ganze Region zwischen Elbe und Trave die Heimat der Elbslawen, die nach dem slawischen Namen der Elbe = Labe *Polaben* hießen. Die im Lande der im 12. Jahrhundert final unterworfenen Slawen errichtete Burg erhielt den Namen *Polabenburg*, woraus sich der heutige Ortsname Lauenburg ableitet.

Das schlichte Gemälde, 1886 kopiert von dem ortsansässigen Maler Heinrich Murjahn (†1901) nach dem verlorenen Original von Heinrich Martens aus dem Jahr 1657, zeigt die einstige bauliche Pracht des Lauenburger Schlosses. Gut erkennbar ist der mächtige Schlossturm.

Das Elbpanorama von Lauenburg erstreckt sich von der Maria-Magdalenen-Kirche bis zum Schlossberg mit der weißen Südfassade des erhaltenen Schlossflügels und zeigt die Aufteilung in die untere Altstadt und die 50 Meter höher gelegene Oberstadt.

Sie wurde in Nachfolge der durch Heinrich den Löwen (*1129 – †1195) im Jahr 1181 zerstörten Ertheneburg erbaut, die vier Kilometer flussabwärts den wichtigen Elbübergang der Alten Salzstraße zwischen Lüneburg und Lübeck kontrolliert hatte. Die neue *Polabenburg* hoch über der Elbe habe der Askanier Herzog Bernhard I. von Sachsen (*1140 – †1212) kurz darauf sogar aus den Steinen der Ertheneburg errichtet, doch taucht dieser Topos auch bei anderen Burgen immer wieder auf, man denke nur an die Burg Arnesvelde, die als Steinbruch für Schloss Ahrensburg gedient haben soll. Man muss nur fest daran glauben, die Symbolkraft solcher Erzählungen von Sieg und Niederlage bis zur restlosen Abtragung wird ihre Wirkung aber sicher nicht verfehlt haben.

Bald darauf, 1203, wurde die Burg durch die Dänen besetzt, von denen ein Sohn Herzog Bernhards, Albrecht I. (*1175 – †1260), die Lauenburg

Im erhalten gebliebenen, sehr schmucklosen Südflügel des Lauenburger Schlosses dient der historische Magistratssaal heute als Trauzimmer. Zudem ist er der Amtssitz des Bürgermeisters und von Teilen der Verwaltung.

Blick vom Lauenburger Schlossberg nach Osten zur Brücke über die Elbe.

aber schon 1228 zurückeroberte. Er machte sie zu seinem Stammsitz und erweiterte die Burganlagen. Erst Herzog Johann IV. von Sachsen-Lauenburg (*1439 – †1507) verfügte über genügend Mittel, um die Burg 1474 – 1477 zeitgemäß zu einem prächtigen Schloss umzubauen.

Weitere Ausbauten erfolgten unter Herzog Franz II. von Sachsen-Lauenburg, ebenfalls aus dem Hause der Askanier. Von diesem Schloss ist nur mehr ein Flügel erhalten, das restliche Gebäude brannte 1616 nieder. Zusätzliche Schäden richtete kaiserlicher Artilleriebeschuss im Zweiten Nordischen Krieg 1656 an, als das Schloss unter schwedischer Besatzung stand. Der verbleibende Flügel ist ein zweigeschossiger langgestreckter Backsteinbau mit

Fragment einer Ahnenfigur Heinrichs des Löwen von einem Ehrenmal, das Herzog Franz II. hat errichten lassen, ausgestellt im Schlossturm.

Der Schlossturm von 1477 hat seine heutige Gestalt erst seit 1725, nachdem die oberen Stockwerke nach einem Brand abgetragen worden waren.

Der Schlossturm wurde während der Dänen-Herrschaft ab 1817 als Gefängnis genutzt. Die Zellen sind teilweise noch original erhalten und durch schwere Holztüren mit Metallbeschlägen gesichert.

hohem Walmdach. Er wird heute als das eigentliche Schloss bezeichnet, war seit dem 18. Jahrhundert das Amtshaus und hatte 1865 sogar den preußischen König Wilhelm I. (*1797 – †1888) und den Ministerpräsidenten Otto von Bismarck (*1815 – †1898) zu Gast. Bis zum Ende des 19. Jahrhunderts wurde das Gebäude als Privathaus vermietet, nach dem Tode der Bewohner dann ab 1919 als Rathaus und ab 1923 auch als Amtsgericht genutzt und beherbergt heute die Stadtverwaltung.

Aus askanischer Zeit hat ansonsten nur der im Zentrum des Schlossberges erbaute runde dreigeschossige Schlossturm von 1477 überdauert, der heute das Wahrzeichen der Anlage ist. Seine Mauern sind über zwei Meter stark, da damals allmählich Feuerwaffen aufkamen, die einen deutlich wehrhafteren Festungsbau erforderten. Entsprechend diente das Untergeschoss auch als Pulverkammer, das Obergeschoss zur Aufstellung von Geschützen.

Er ist einer der wenigen erhaltenen Wehrtürme und der einzige freistehende Turm seiner Art in Schleswig-Holstein. Hier befindet sich auch die alte Glocke von 1438, die ursprünglich aus der Burgkapelle stammt. Im 18. Jahrhundert diente der mächtige Geschützturm als Gefängnis, dessen Zellen heute noch zu besichtigen sind. Der Besuch lohnt außerdem wegen des im Turm seit 1963 angelegten Lapidariums, wo frühbarocke Steinskulpturen ausgestellt sind. Wer den Aufstieg bis unter die Dachhaube schafft, wird mit einem herrlichen Blick über Lauenburg und die Elbtalauen belohnt. Folgt man vom Schlossturm aus dem Wallweg bergab, so gelangt man in die wunderhübsche Altstadt mit ihren vielen kleinen Galerien, Läden und Cafés.

Östlich der Schlossanlage liegt der Fürstengarten, den Herzog Franz II. 1590 als Jägergarten anlegen ließ. Erst 1656 wurde er in einen barocken Lustgarten umgewandelt. Seit 2005 präsentiert sich die Parkanlage nach den Originalplänen restauriert.

Blick aus dem Schlossturm Richtung Westen auf die Elbe und die Unterstadt mit der Maria-Magdalenen-Kirche.

Der Rufer ist ein Wahrzeichen der Stadt Lauenburg. Geschaffen hat ihn der Bildhauer Karlheinz Goedtke (*1915 – †1995) 1956. In der damaligen Zeit des Wirtschaftswunders haben die Lauenburger sehr mit ihm gefremdelt, weil er ihnen zu dünn erschien. Abergläubische Touristen haben seinen Daumen blank poliert, seine Berührung soll Glück bringen.

Die engen und gewundenen Gassen der Lauenburger Altstadt sind vor allem durch historische Fachwerkhäuser aus rotem Backstein geprägt.

Von Geistern, Zöllnern und Kaisern

An Elbe und Bille in Hamburgs Osten

Wilhelmsburg, Riepenburg, Bergedorf, Spökelburg

Das Amtshaus in Wilhelmsburg

In dem unscheinbaren Haus auf der Wurt laufen Fäden zum europäischen Hochadel zusammen, darunter zu Friedrich dem Großen und dem König von England

Das Wilhelmsburger Amtshaus von 1742 liegt hochwassersicher auf einer Wurt und steht aktuell kurz vor einer grundlegenden Sanierung zur Nutzung als Museum.

Wilhelmsburg wird gemeinhin als die große Insel zwischen Hamburg und Harburg aufgefasst, zu beiden Seiten umflossen von der Elbe, die sich am östlichen Ende, der Bunthäuser Spitze, in die Norder- und Süderelbe aufspaltet. So wie die Hamburger ihre Heimatstadt gern als die schönste der Welt bezeichnen, wird Wilhelmsburg oft unterstellt, nach Manhattan gar die zweitgrößte bewohnte Flussinsel der Welt zu sein, mindestens aber die größte Europas. Nun, richtig ist immerhin der Anspruch, die größte Binneninsel Deutschlands zu sein, so wie Hamburg zweifellos schön ist.

Die Entstehung der Elbinsel reicht bis in die letzte Eiszeit zurück. Als sich am Ende der Weichsel-Eiszeit vor rund 11.700 Jahren die Gletscher zurückzogen, formten die Schmelzwasser das Bett der Elbe heraus, die im Hamburger Raum zwischen dem nördlichen und südlichen Geestrand unzählige kleine und größere Inseln bildete. Jede Flut hinterließ neue Inseln und ließ alte verschwinden, bis Deichbaumaß-

Aus der Luft zeigt sich die landschaftliche Schönheit des einstigen Herrenhauses auf der großen Elbinsel Wilhelmsburg.

Im alten Amtshaus residiert seit 1970 das Museum Elbinsel Wilhelmsburg, das derzeit komplett neu konzipiert wird.

nahmen ab dem 14. Jahrhundert die Besiedlung möglich machten. Als 1672 Herzog Georg Wilhelm zu Braunschweig-Lüneburg (*1624 – †1705) die drei Inseln Stillhorn, Georgswerder und Reiherstieg-Rotehaus erwarb und sie durch Deiche miteinander verband, erhielt die neue Gesamtinsel den Namen Wilhelmsburg. Die wichtigste Straße, die die Insel schnurgerade von Süden nach Norden auf fünf Kilometern Länge quert, erinnert mit ihrem Namen Georg-Wilhelm-Straße an den einstigen Gründer. Die längste Distanz von Südosten nach Nordwesten beträgt immerhin 13 Kilometer, was der Insel eine Gesamtfläche von 35 Quadratkilometern verleiht.

Die vorigen Besitzer, das Adelsgeschlecht von Grote, hatte auf der Insel Stillhorn bereits im 14. Jahrhundert ein erstes Herrenhaus errichtet, das um

1620 einem Neubau wich. Als Herzog Georg Wilhelm schließlich das Land übernahm, kamen die Damen des Hauses ins Spiel. Da seine Gattin nicht standesgemäß war, ernannte er die neue Insel Wilhelmsburg zur Herrschaft und erreichte tatsächlich 1674 beim Kaiser die Anerkennung seiner Gemahlin als Reichsgräfin von Wilhelmsburg. Natürlich sollte auch seine Tochter nicht unter Stand heiraten, wofür er den Sohn seines Bruders auserkoren hat. Die erzwungene Ehe der erst 16-jährigen Braut erbrachte zwar zwei Kinder, scheiterte aber bald, ihr Liebhaber wurde getötet und sie selbst nach Schloss Ahlden verbannt, wo sie 32 Jahre bis zu ihrem Tod 1726 verbringen musste. Ihre beiden Kinder indes gingen in die Geschichte ein: Ihr Sohn wurde als Georg II. König von England (*1683 – †1760), ihre Tochter die Gemahlin von Preußens Soldatenkönig Friedrich Wilhelm I. (*1688 – †1740) und somit die Mutter Friedrichs des Großen (*1712 – †1786). Nach Georg Wilhelms Tod im Jahr 1705 wurde aus der Herrschaft Wilhelmsburg ein Amt gebildet, ein Verwaltungsgebiet des Fürstentums Lüneburg bzw. Königreichs Hannover. Übergeordnete Verwaltungsebene war die Landdrostei Lüneburg. Das inzwischen herrenlose Herrenhaus wich 1742 dem heutigen Amtshaus, dessen Kellergewölbe aus dem 17. Jahrhundert noch vom Vorgängerbau stammt, wie übrigens auch der Burggraben, dessen Verlauf stellenweise heute noch zu verfolgen ist.

Seit den 1970er Jahren beherbergt das Gebäude das Museum Elbinsel Wilhelmsburg, das über die ge-

Die Windmühle Johanna vermittelt einen guten Eindruck vom einst dörflichen und landwirtschaftlich geprägten Charakter der Elbinsel Wilhelmsburg.

Auf dem Energieberg in Georgswerder bietet der spektakuläre Skywalk eine einzigartige Fernsicht auf die Hamburger Skyline.

schichtliche Entwicklung der Insel ab dem Mittelalter informiert. Zuvor war es ab 1865 als Schulhaus genutzt worden. Zur Zeit wird es grundlegend saniert, um danach mit einer frischen Dauerausstellung wiederzueröffnen, die als einen Schwerpunkt die Geschichte der verheerenden Flut von 1962 zeigen wird.

Das Amtshaus steht unter Denkmalschutz und bildet mit der Kreuzkirche, dem Dorfkrug sowie einigen historischen Häusern den dörflichen Kern der Insel. Sehenswert ist auch die alte Windmühle Johanna, und wer sich einen Überblick von oben verschaffen möchte, sollte den spektakulären Skywalk auf dem Energieberg in Georgswerder besuchen.

Die Riepenburg

Die Turmhügelburg an der Elbe kontrollierte einst die Warenströme von und nach Lüneburg, der reichen Salzstadt

Im Gebüsch verstecken sich die Reste der Riepenburg, einer Turmhügelburg aus der Zeit um 1250.

Am südlichsten Zipfel von Hamburg liegt der Zollenspieker mit dem Fährhaus, einem beliebten Ausflugslokal an der Elbe. Der Name Zollspeicher verrät, dass hier einst eine Grenze verlief, und das einstige Fährhaus wacht noch heute über den Fährbetrieb, der hier seit Jahrhunderten die beiden Elbufer miteinander verbindet. Im Sommer warten beiderseits lange Fahrzeugschlangen auf die Fähre, und vom gemütlichen Biergarten aus hat man einen herrlichen Blick über den breiten Strom und auf die Marschlandschaft.

Eine langgezogene Kurve weiter flussaufwärts, vorbei am Naturschutzgebiet Zollenspieker, liegen gut 1.800 Meter entfernt, direkt am Kraueler Hauptdeich, die Überreste der Riepenburg, von der Straße und vom Deich aus kaum einsehbar, inmitten eines üppigen Wäldchens.

Hier verbirgt sich eine stattliche Turmhügelburg aus der Zeit um 1250, benannt nach ihrem einstigen Besitzer, dem Ritter Hermann Ribe. Sie war noch vor 200 Jahren erstaunlich gut erhalten, wie alte Grundrisspläne verraten. Im Zentrum befand sich der

Die Elbe zwischen der Riepenburg und dem Zollenspieker. Die Riepenburg kontrollierte einst den Lüneburger Salzhandel auf der Elbe gegenüber der Mündung der Ilmenau.

mächtige Erdhügel von gut 30 Metern Durchmesser und mehr als 7,50 Metern Höhe, der das Fundament für einen hölzernen Burgturm bildete. Umgeben war diese auch als *Motte* bezeichnete Turmhügelburg von zwei kreisförmigen Wällen und bis zu acht Meter breiten Wassergräben, die sie einst vor feindlichen Angriffen schützten, was der Gesamtanlage einen Durchmesser von rund 130 Metern verleiht.

Heute ist davon im Gelände nur noch annähernd die Hälfte des mächtigen Turmhügels erhalten, während die Wälle und Gräben weitgehend abgetragen bzw. verfüllt sind, nur der östliche Außenwall

ist stark überformt und bildet den Kern des modernen halbkreisförmigen Riepenburger Deichs. Zurückzuführen ist dies auf die intensive landwirtschaftliche Nutzung, das Abgraben von Deicherde sowie den Bau und Abbruch von diversen Gebäuden auf dem westlichen Burgareal in den beiden letzten Jahrhunderten.

Die heutige Landschaft hat mit den burgzeitlichen Verhältnissen nur mehr wenig gemein, so dass sich die topografischen Zusammenhänge zwischen der Elbe, der Riepenburg und dem Zollenspieker kaum mehr erschließen lassen. Bereits 1252 wird von einer

Fährverbindung berichtet, die für den Salztransport aus Lüneburg von enormer Bedeutung war. Damals lag auch die Mündung der aus Lüneburg kommenden Ilmenau genau gegenüber der Riepenburg, von der aus der Salzhandel per Schiff kontrolliert und mit Zöllen belegt werden konnte. Die Turmhügelburg dürfte noch auf einer Insel zwischen dem Hauptstrom der Elbe und einem Nebenarm der nördlich fließenden Gose-Elbe gelegen haben, bevor umfassende Deichbaumaßnahmen bis zum 15. Jahrhundert die gesamte Landschaft grundlegend veränderten. So verlagerte sich auch die Ilmenaumündung fast zwei Kilometer nach Westen Richtung „*Yslinge*“ (später Eislingen, Esslingen), 1460 erstmals Zollenspieker genannt, der die Riepenburg in ihrer Funktion als Fähr- und Zollstelle ablöste, die seither

Die Reste der Riepenburg, einer Turmhügelburg aus der Zeit um 1250, liegen heute versteckt auf dem Grundstück eines Gutshauses am Kraueler Hauptdeich.

ɒas Zollenspieker
ährhaus ist heute
in beliebtes Aus-
ugslokal direkt an
er Elbe, die hier
er Fähre überquert
verden kann.

nur noch eine Schutzfunktion für den Zollenspieker einnahm. Schon 1508 bis 1512 erfolgte der Abbruch der Burg, und der dazu gehörende Wirtschaftshof mit seinen Ländereien wurde verpachtet.

Ihre heutige Erhaltung verdankt die Riepenburg nicht zuletzt der frühen Unterschutzstellung als Baudenkmal bereits im Jahr 1930.

Schloss Bergedorf

Genau 447 Jahre lang stand Bergedorf unter der beiderstädtischen Verwaltung von Lübeck und Hamburg

Die Anlage des heutigen Bergedorfer Schlosses geht auf eine befestigte mittelalterliche Wasserburg zurück, die im Jahr 1360 erstmalig in einer Urkunde erwähnt wird. Ihre Bauzeit ist nicht bekannt, weil es dazu weder Nachrichten noch archäologische Ausgrabungen gibt. Immerhin weiß man, dass 1208 die Bille hier künstlich für den Betrieb einer Mühle aufgestaut worden ist. Möglicherweise wurde damals bereits die Wasserburg errichtet, zumal der Ort strategisch ausnehmend günstig liegt. Schließlich konnten hier die bedeutenden Handelsströme zwischen Lüneburg und Hamburg kontrolliert werden. Bis 1260 regierte der Askanier Albrecht I. (*um 1175 – †1260) über Bergedorf als Herzog von Sachsen, nach seinem Tod wurde das Herzogtum unter seinen beiden Söhnen in Sachsen-Wittenberg und Sachsen-Lauenburg aufgeteilt. Wiederholte Erbteilungen führten zu Zahlungsschwierigkeiten, so dass Bergedorf ab 1370 sogar zeitweise an Lübeck verpfändet wurde. Weitere Nachkommen aus dem Hause von Sachsen-Lauenburg waren regelrechte Raubritter und bedrängten selbst Lübeck, um die

Die kleine Schlossbrücke überbrückt den von der Bille gespeisten Schlossgraben und verbindet das Schloss mit dem umgebenden Park, dem Bergedorfer Schlossgarten. Wunderschöner schmiedeeiserner Zierrat mit stets gepflegten Blumenkörben macht sie zu einem beliebten Fotomotiv.

Mehr Schloss geht nicht: Das Bergedorfer Schloss präsentiert sich aus bestimmten Blickwinkeln wie aus dem Mittelalter, obwohl es überwiegend im 19. Jahrhundert seine heutige Gestalt erhielt.

Die Alte Holstenstraße, ein Staudamm für die Bille, um die 1208 erbaute Wassermühle zu betreiben, ist eine beliebte und schöne Flaniermeile.

Im Kellergewölbe des Bergedorfer Schlosses haben sich stellenweise Gemäuer aus dem 15. Jahrhundert erhalten.

verpfändeten Landesteile zurückzuerobern. Als das sprichwörtliche Fass im Jahr 1420 schließlich überlief, verbündete sich Lübeck mit der mächtigen Hansestadt Hamburg, und beide nahmen Bergedorf nach tagelangen Kämpfen mit 1.000 Scharfschützen, 2.000 Lanzenträgern und 800 berittenen Soldaten ein. Seither stand die Stadt für ganze 447 Jahre unter beiderstädtischer Verwaltung, festgehalten im Vertrag von Perleberg. Dazu setzten die Städte jeweils abwechselnd einen Amtmann ein, dessen Dienstsitz das Bergedorfer Schloss war.

1867 kaufte Hamburg der Stadt Lübeck deren Besitzrechte für 200.000 preußische Taler ab, und Bergedorf gehörte nunmehr zu Hamburg.

Bei der Eroberung 1420 wurde die Burg so schwer beschädigt, dass das Hauptgebäude, das sogenannte Adelshaus, 1467 – 1469 neu erbaut wurde. Davon haben sich bis heute lediglich zwei Kellergewölbe im Schloss erhalten. Hinzu kamen im 15. Jahrhundert weitere Verteidigungsanlagen, also Türme, Wälle und Bastionen sowie ein Zwinger, der nichts mit Hundehaltung zu tun hat, sondern so bezeichnete man einen mehrgeschossigen Geschützturm. Weitere An- und Ausbauten ließen auch in den folgenden Jahrhunderten das Ensemble beträchtlich anwachsen, das jedoch nach und nach seinen fortifikatorischen Nutzen verlor. Mit Beginn des 19. Jahrhunderts wollte man die gesamte Anlage schließlich entmilitarisieren, was üblicherweise mit gravierenden Abbruch- und Planierungsmaßnahmen verbunden war, wie sie etwa auf der Zitadelle

Ein Ausstellungsraum im Schlossmuseum präsentiert neben einem Schlossmodell den originalen Gedenkstein für den in der Schlacht um Bergedorf 1420 gefallenen Dietrich Schreyge. Der Gedenkstein stammt aus demselben Jahr.

Harburg erfolgten. Darauf verzichtete man in Bergedorf zwar, dennoch kam es durch schleichenden Verfall und dauernde Renovierungs- und Neubaumaßnahmen zu erheblichen Eingriffen in die Bausubstanz. Hier ein neuer Anbau, dort ein veränderter Giebel, hier der Abbruch einer Treppenanlage, dort

Ein Prunkstück des Museums für Bergedorf und die Vierlande im Schloss ist das prachtvoll ausgestattete Landherrenzimmer von 1902 mit den typischen Vierländer Intarsienarbeiten und blauen Fayencefliesen.

ein neuer Flügel, neue Dachreiter, neue Wege usw. machten aus der spätmittelalterlichen Wehranlage nach und nach ein neugotisches Backsteinschlösschen nach dem Geschmack des späten 19. Jahrhunderts, das inzwischen auch nicht mehr Burg, sondern Schloss genannt wurde. Doch auch im 20. Jahrhundert legte man noch kräftig Hand an: 1939 verschwand in einer Nacht- und Nebelaktion der Dachreiter, 1959 die baufällige neugotische Treppe im Schlosshof, und im Jahr darauf erhielt die neugotische Hoffassade eine Neugestaltung im Renaissance-Stil; auch das Walltor wurde erst 1969 abgebrochen, und das alles ohne Hinzuziehung von

Denkmalpflegern oder Archäologen. Zuletzt wurde 2001/2002 der Burggraben entschlammt, erneut ohne Beteiligung der Denkmalpflege, wobei Keramik, Knochen, Kanonenkugeln, Waffen und Munition vom Mittelalter bis zum Zweiten Weltkrieg geborgen worden sein sollen.

So stehen Besucher heute vor einem zwar pittoresken, aber recht willkürlichen Zufallsprodukt, wie es – spöttisch betrachtet – in einem chinesischen Vergnügungspark als Reminiszenz an das europäische Mittelalter die Flaneure erfreuen könnte. Es ist Hamburgs einziges erhaltenes Schloss, wie die Eigenwerbung sagt. Immerhin: Die neugotischen Zutaten sind von hoher architektonischer Qualität, stammen sie doch vom obersten Planer der Hamburger Speicherstadt.

Im Innenhof steht der Gedenkstein für Dietrich Schreyge, der an den bei der Schlacht um Bergedorf 1420 gefallenen hamburgischen Hauptmann erinnert. Es ist das älteste Denkmal Hamburgs, heute durch einen Abguss ersetzt, das Original wird im Schloss gezeigt.

Lohnenswert ist ein Besuch des Museums für Bergedorf und die Vierlande, das seit 1953 im Schloss untergebracht ist. Und den schönsten Blick auf das historische Gemäuer hat man vom wunderschönen Schlosspark aus, der seit 1926 Denkmalschutz genießt.

Der Vertrag von Perleberg

Während üblicherweise zur Sicherung von Macht und Reichtum nur der Erstgeborene eines Adelsgeschlechts allein erbte, war bei den Askaniern eine Realteilung üblich, die aber die Nachkommen immer weiter schwächte. So verpfändeten die Herzöge von Sachsen-Lauenburg nach und nach wichtige Ortschaften und Zollstationen an die reiche Hansestadt Lübeck. 1401 holte sich Herzog Erich IV. (*1354 – †1411) handstreichartig wichtige Gebiete zurück, womit langjährige kriegerische Auseinandersetzungen begannen. 1420 schließlich verbündeten sich Lübeck und Hamburg gegen seinen Nachfolger Erich V. (†1435) und eroberten Bergedorf, ebenso die Riepenburg und die Burg Kuddewörde und belagerten die herzogliche Residenz in Ratzeburg. Am 23. August 1420 wurde schließlich in Perleberg in der Westprignitz ein Friedensvertrag ausgehandelt, der den Hansestädten die künftige Herrschaft über Bergedorf, die Riepenburg, Geesthacht, die Vierlande und den Zollenspieker sicherte sowie den halben Sachsenwald einbrachte. Die damals vereinbarte Grenzziehung hatte letztlich bis zum Groß-Hamburg-Gesetz von 1937 Bestand.

So stellte sich ein Illustrator im 19. Jahrhundert die Erstürmung des Bergedorfer Schlosses im Jahr 1420 vor.

Wasser, Wald und Wiesen: Aus der Luft erschließen sich die reizvolle Lage des Schlosses im Herzen Bergedorfs und die Funktion des Schlossparks als grüne Lunge und Flaniermeile.

Die Spökelburg

Eingeklemmt zwischen zwei Hauptverkehrsadern, bebaut mit einer Fabrikantenvilla, trotzt die Spökelburg den Zeitläufen

Nicht viele Burgwälle haben eine eigene Adresse, aber es liegen eben auch wenige Burgwälle unzugänglich auf einem Privatgrundstück. Immerhin verweisen gleich drei Straßen gegenüber auf das nahe Denkmal: Spökelbargring und Spökelbarg sowie Schiffbeker Schanze. Die Schanze selbst verbirgt sich heute hinter der Adresse Billstedter Hauptstraße 120 und liegt dort eingezwängt zwischen eben jener Hauptstraße und der unmittelbar südlich angrenzenden, autobahngleichen Bundesstraße 5 nach Bergedorf. Sie kommt der Burg sogar so nahe, dass eine meterhohe Stützmauer deren Druck abfangen muss.

Die prächtige Fabrikantenvilla an der Billstedter Hauptstraße wurde 1869 mitten in der historischen Wallanlage Spökelburg errichtet.

Die ursprüngliche Lagesituation des Burgwalls ist in Folge der modernen Überformung der Landschaft kaum mehr zu erahnen, kann aber als geradezu idealtypisch bezeichnet werden. Auf der Geestkante hoch über der Billwerder Elbmarsch gelegen überblickten die Erbauer von hier aus die Bille und die Elbe über viele Kilometer, strategisch perfekt positioniert im Mündungsdreieck des Schleemer Bachs in die Bille, durchaus vergleichbar mit der Lage der Hammaburg

Einst thronte die Spökelburg auf der Geestkante hoch über der Billeniederung, heute bedrängt sie die vierspurige Bundesstraße 5 nach Bergedorf.

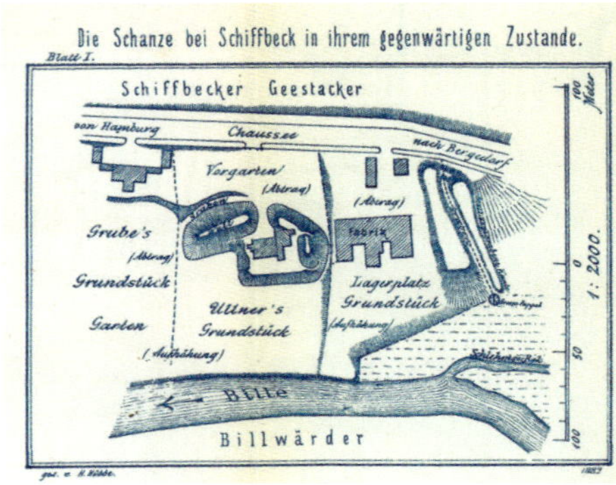

Der Lageplan von 1882 zeigt „Die Schanze bei Schiffbeck in ihrem gegenwärtigen Zustande“, mit der Villa im Zentrum der Wallanlage und als Teil eines Fabrikgeländes.

Die Luftaufnahme aus der Vorkriegszeit veranschaulicht die Lage der Spökelburg inmitten eines von Industrie und Gewerbe geprägten Umfeldes. Im Zentrum steht die Villa des Fabrikanten L.G.C. Ullner, von den Wällen eingefasst wie ein Lärmschutzwall. In der Bildmitte die Bille, deren Ufer mit Fabrikgebäuden einer Farbholzmühle bebaut sind.

am Zusammenfluss von Alster und Elbe. Es ist auch derselbe Höhenweg entlang der steilen Geestkante, der acht Kilometer weiter westlich in der Hamburger Altstadt direkt an der Neuen Burg die Alsterfurt kreuzt. Vom uralten Elbübergang bei Lauenburg kommend, der die Elbe zwischen Artlenburg und der Ertheneburg quert, verbindet dieser historische Handelsweg die slawischen Gebiete im Osten mit den sächsischen im Westen und führt genau hier an der Schiffbeker Schanze vorbei.

Der Burgwall hat eine abgerundet rechteckige Form mit einer Länge von 70 Metern und einer Breite von 30 Metern, der außer an der Steilkante ein Graben vorgesetzt war. Die Innenfläche umfasst ca. 1.250 Quadratmeter. Die Nordseite, die man von der Straße aus durch den Gartenzaun sieht, weist noch eine Wallhöhe von 1,70 bis 2,50 Metern und eine beträchtliche Wallbreite von 15,90 Metern auf, während auf der Ostseite und am Steilhang nur noch Wallreste vorhanden sind. Spuren eines Grabens erkennt man nur mehr im Nordwesten als Senke.

Den schlechten Erhaltungszustand erklärt vielleicht sogar der Name der Burganlage, die im Volksmund Spökelburg heißt. Plattdeutsch bedeutet spökeln so viel wie spuken, und um diesen Ort kreisen viele Spukgeschichten und Sagen. Bereits aus dem 17. Jahrhundert gibt es Nachrichten, dass in der Burg nach dem Silber des Grafen Albrecht II. von Orlamünde (*um 1182 – †1245) oder nach der sagenumwobenen Goldenen Wiege gegraben worden sei. Allein in Norddeutschland geht in mehr als 60 Ortschaften die alte Mär um, dort sei eine Kinderwiege aus purem Gold vergraben. So ist historisch überliefert, dass der Hamburger Kaufmann Henning Brand (*um 1630 – †nach 1692) 1688 von Herzog Christian Albrecht von Schleswig-Holstein-Gottorf (*1641 – †1695) die Erlaubnis zur Schatzsuche erhalten hat, die allerdings erfolglos geblieben ist.

Auch der Bau einer großen Fabrikantenvilla inmitten der Wallanlage richtete im Jahr 1869 erheblichen Schaden an. In der Folge kam es 1882 zu einer Aufmessung und später sogar zu mehreren kleinen Ausgrabungen, die aber durchweg keine verwertbaren Ergebnisse erbrachten.

So bleibt das Alter der Spökelburg vorerst ungeklärt, zumal sie auch in keiner mittelalterlichen Urkunde Erwähnung findet. Aufgrund ihrer Konstruktion aus einem einfachen Erdwall mit Graben steht sie dem Typus des frühmittelalterlichen Burgwalls nahe. Ihre Lage an einem alten Handelsweg, der hier an einer Furt im morastigen Gelände einen Bach quert, deutet darauf hin, dass sie einst zur Sicherung und Kontrolle der Handelswege entlang der Elbe errichtet worden ist.

Burgwälle, Herrenhäuser und eine Miniaturburg

amburgs Norden, Schleswig-Holsteins Süden

Wandsbek, Wellingsbüttel, Henneberg, Mellingburg, Wohldorf, Stegen

Schloss Wandsbek

Gute Hamburger Kaufmannstradition führte zum Abriss des prächtigen Schlosses, um das riesige Grundstück zur Bebauung zu parzellieren

Selbst in der freien Bürger- und Kaufmannstadt Hamburg gibt es gleich mehrere Schlösser, man denke allein an das Harburger und das Bergedorfer Schloss. Allerdings waren beide Hamburger Bezirke vor 1937 selbständige Städte, was bis heute im Selbstverständnis wie auch im Stadtbild deutlich nachwirkt. Wandsbek hingegen ist mit der Hansestadt viel mehr verschmolzen, obwohl auch dieser Bezirk erst 1937 im Zuge des Groß-Hamburg-Gesetzes eingemeindet worden ist. Wandsbeks alte Hauptstraße trägt den Namen Schloßstraße, von der aus die Straße Schloßgarten abzweigt.

Das namengebende Schloss indes sucht man vergeblich, denn es wurde 1861 durch das neue Eigentümerkonsortium abgebrochen, um das Gutsgebiet ganz hanseatisch zu parzellieren und die Grundstücke gewinnbringend zu verkaufen. Heute würde man das Projektentwicklung nennen. Obwohl man um die Lage des einstigen Schlosses wusste, war die Überraschung groß, als die Baggerschaufel im Mai 2007 bei Bauarbeiten auf seine massiven, bis zu 1,30 Meter hoch erhaltenen Fundamentreste stieß, die danach archäologisch untersucht wurden.

Wehmütig oder wehleidig, jedenfalls nicht stolz wirkt der Blick des steinernen Löwen auf dem Wandsbeker Marktplatz, der im 18. Jahrhundert mit einem Gegenstück die Auffahrt zum Wandsbeker Schloss flankierte.

Die Baugeschichte ist schnell erzählt, denn die Anlage ist sehr jung, schließlich wird Wandsbek urkundlich erstmals 1296 erwähnt. Das Schloss bzw. dessen Vorgängerbau, die Wandesburg, wurde 1568 durch den Statthalter des dänischen Königs Heinrich Rantzau (*1526 – †1598) im Renaissancestil mit einem umgebenden Wassergraben und nördlich an-

Bitte recht grimmig! Heinrich Rantzau mit Elefantenorden, dem höchsten und ältesten dänischen Ritterorden, im Alter von 61 Jahren auf einem Gemälde aus dem Jahr 1586.

Heinrich Rantzau

Heinrich Rantzau (*1526 – †1598) entstammte dem Uradel der Herzogtümer Schleswig und Holstein. Entsprechend gebildet entfaltete er ein ungemein breites Betätigungsspektrum. Er verkehrte früh im Hause des Reformators Martin Luther (*1483 – †1546), war Humanist, Ökonom, Bauherr, Sammler und Schriftsteller. Seine legendäre Bibliothek umfasste über 6.000 Werke, und er pflegte regen Schriftverkehr mit unzähligen gelehrten Persönlichkeiten seiner Zeit im In- und Ausland. 1588 führte er sogar eine archäologische Ausgrabung an einem sogenannten Hünenbett auf der Suche nach den Gebeinen des darin angeblich bestatteten Riesen durch. Die Wandesburg in Hamburg-Wandsbek war nur eines von gut 50 Rantzauischen Herrenhäusern.

Der Stahlstich von Hermann Emden nach einer Zeichnung von Carl Martin Laeisz zeigt das „Schloss in Wandsbeck" im Jahr 1846. Im Vordergrund sind die beiden Löwen zu sehen, die heute auf dem Wandsbeker Marktplatz ihr Dasein fristen.

grenzenden Wirtschaftshof erbaut, und zwar als erste Dreiflügelanlage ihrer Art in Holstein, wahrscheinlich sogar auf einem älteren Bau, dem 1496 erwähnten *hoff unde gudt tom Wandesbeke*. Die älteste bekannte Darstellung von 1593 zeigt die Anlage von Süden mit dem Ostflügel samt Treppenturm, verbunden mit den Seitenflügeln durch zinnenbekrönte Mauern, im Norden ein Wirtschaftshof mit Fachwerkgebäuden und Garten, getrennt durch den Wassergraben mit einer Klappbrücke.

Die Wandesburg erlebte in kurzer Folge mehrere Besitzerwechsel, zuletzt 1762 durch den deutsch-dänischen Kaufmann Heinrich Carl von Schimmelmann (*1724 – †1782). Er ließ die alte Wasserburg abreißen, bis auf den Treppenturm, den der berühmte Astronom Tycho Brahe (*1546 – †1601) 1597/1598 für seine Himmelsbeobachtungen genutzt hatte. So wird 1772 – 1778 auf dem Fundament der Wandesburg ein repräsentatives dreiflügeliges Herrenhaus im frühklassizistischen Stil mit großem Park nach Süden errichtet, das wegen seiner aufwändigen Gestaltung bald als Wandsbeker *Schloss* bezeichnet worden ist.

Wie schon zuvor die Wandesburg, so wechselte auch das Herrenhaus mit dem zugehörigen Gut den

Das Schimmelmann-Mausoleum für Heinrich Carl von Schimmelmann und seine Gattin wurde von Carl Gottlob Horn (*1734 – †1807), dem Architekten des Wandsbeker Schlosses, in den Jahren 1787–1791 errichtet. Es ist eines der schönsten Bauwerke des Klassizismus in Norddeutschland und steht auf dem alten Friedhof der Christuskirche in Hamburg-Wandsbek.

Heinrich Carl von Schimmelmann

Noch bis vor wenigen Jahren wurde Heinrich Carl von Schimmelmann (*1724 – †1782) als erfolgreicher Kaufmann tituliert, der es zu einem der damals reichsten Männer Europas gebracht hatte. Er war so erfolgreich und beliebt, dass ihm bei der Neugestaltung des Wandsbeker Marktes 2006 eine große Bronzebüste gewidmet wurde, neben der von Tycho Brahe (*1546 – †1601) und Heinrich Rantzau (*1526 – †1598). *Der Wind of Change* blies Schimmelmann inzwischen allerdings kräftig entgegen, da er als Sklavenhändler und -halter enttarnt worden und in Ungnade gefallen war. Seine Büste wurde mehrfach Ziel blutroter Farbanschläge, bis sie schließlich zwei Jahre nach ihrer Aufstellung auf Beschluss der Bezirksversammlung Wandsbek am 15. August 2008 wieder abgebaut wurde.

Besitzer, bis es schließlich – völlig intakt – 1861 abgebrochen wurde. Außer den genannten Straßennamen hat es bis heute dennoch diverse Spuren hinterlassen: Den südlichen Zugang zum Wandsbeker Marktplatz flankieren zwei liegende Steinlöwen, die von der einstigen Auffahrt zum Schloss stammen. Und zwei im Straßenbegleitgrün abgestellte steinerne Ziervasen hatte Heinrich Carl von Schimmelmann persönlich 1757 aus Dresden nach Hamburg mitgebracht, um sie in seinem Herrenhaus aufzustellen. Sie stehen heute ebenso unter Denkmalschutz wie die nicht sichtbaren Fundamentreste der nahen Residenzen. Bis 1980 war zudem im Eichtalpark das große Wappenschild der Schloss-Fassade aufgestellt, das heute im Bezirksamt Wandsbek gezeigt wird.

Überaus sehenswert ist das Schimmelmann-Mausoleum, das 1787 – 1791 als Begräbnisstätte für Heinrich Carl von Schimmelmann und seine Frau

Von der einstigen Pracht des Wandsbeker Schlosses zeugen nur mehr ganz wenige Relikte wie die zwei steinernen Ziervasen, die heute etwas verloren auf dem Marktplatz stehen.

Unweit des heutigen Wandsbeker Marktplatzes mit seinem großstädtischen Treiben stand bis 1861 das prachtvolle Wandsbeker Schloss.

Caroline im feinsten Klassizismus erbaut worden ist. Seit 1998 führt ein historischer Rundgang auf 37 Stationen zu vielen weiteren Sehenswürdigkeiten, darunter zum Gedenkstein, der 1840 zum 100. Geburtstag des Dichters Matthias Claudius (*1740–†1815) aufgestellt worden ist, oder zum Rantzaustein von 1573, Hamburgs ältestem erhaltenen Grenzstein. Oder aber man besucht das Heimatmuseum in der Böhmestraße, in einem historischen Haus der Morewood-Stiftung, die 1872 zur Unterstützung bedürftiger Wandsbekerinnen eingerichtet worden ist.

Herrenhaus Wellingsbüttel

Der prächtige Barockbau dient heute als Seniorenresidenz und hat eine bewegte Geschichte hinter sich

Drei Stockwerke, neun Fensterachsen, privat erbaut um 1750: Was andernorts ein veritables Schloss ist, heißt in Hamburg-Wellingsbüttel bis heute nur Herrenhaus.

Ein kurzer Abschnitt an der Alster in Wellingsbüttel bietet auf gut drei Kilometern die größtmögliche Denkmalvielfalt zum Thema Residenzen: Die Mellingburg bei der Schleuse in der Alsterschleife ist eine Wallanlage aus dem Mittelalter, die Burg Henneberg tut nur so, als wäre sie mittelalterlich, während das Herrenhaus Wellingsbüttel ein klassischer bürgerlicher Repräsentationsbau des Barocks ist.

Das Gut Wellingsbüttel wird 1296 erstmals urkundlich erwähnt und gelangte 1412 in den Besitz der Bremer Erzbischöfe, die es seither als Lehnsgut vergaben. So ging es von 1542 bis 1572 an die Brüder Hinrich und Hans Kalenberg, die ein erstes *Lusthaus nach der Alster hin* errichteten. Dies leitete den grundlegenden Wandel Wellingsbüttels vom reinen landwirtschaftlichen Gut hin zum Landsitz wohlhabender Hamburger Familien ein. Nächster Besitzer wurde 1574 Heinrich Rantzau (*1526 – †1598), Statthalter des dänischen Königs, dem neben zahlreichen weiteren Herrenhäusern auch die Wandesburg als Vorläufer des Wandsbeker Schlosses gehörte. So gingen die Lehnswechsel munter weiter, zunächst unter der Dominanz der dänischen Krone, nach dem

Das prächtige zweistöckige Torhaus ist ein barocker Fachwerkbau von 1757 und wird heute als Museum und Kulturzentrum genutzt.

Dreißigjährigen Krieg, als das Erzbistum Hamburg-Bremen an Schweden gelangte, dann unter der schwedischen.

Einschneidend wird das Wirken der Familie von Kurtzrock. Sie kauft das Gut Wellingsbüttel 1673 für 7.000 Reichstaler. Theobald von Kurtzrock (*1702 – †1770) erlangte als Reichshofrat für das Gut Reichsunmittelbarkeit, so dass die Gutsherren und die Dorfbewohner keine Steuern und Abgaben an die holsteinische Regierung zu entrichten hatten und auch nicht den holsteinischen Gerichten unterstanden. Die Familie riss schließlich das alte Guts-

haus ab und errichtete um 1750 an seiner Stelle das heutige Herrenhaus als neunachsigen Barockbau mit Mittelrisalit (Hervorhebung in der Mitte der Gebäudefassade) und einem aufwändig ausgestalteten zentralen Saal. 1757 folgte das vorgelagerte Torhaus, ein zweiflügeliger barocker Fachwerkbau. Ein halbes Jahrhundert später besetzt König Friedrich VI. von Dänemark und Norwegen (*1768 – †1839) im Konflikt zwischen Frankreich/Dänemark und Schweden/England das Gut 1806 und zwingt den Gutsherrn Clemens August von Kurtzrock (*1745 – †1822) zum Verkauf. Nach dem Ende der Befreiungskriege war

Das Torhaus von 1757 gibt den Blick frei auf das kurz zuvor entstandene Herrenhaus Wellingsbüttel, das seit 2006 als repräsentative Seniorenresidenz fungiert.

Wellingsbüttel schließlich verschuldet und das Dorf verarmt. 1816 ging das Gut in den Privatbesitz eines Hamburger Kaufmanns über, das Dorf hingegen wurde eine selbständige Gemeinde. Erneut gab es diverse Besitzerwechsel und den Zukauf von Ländereien. Eine Besitzerin war die Hamburger Bankierswitwe Cäcilie Behrens, die das Haus 1888 erwarb und durch den berühmten Architekten Martin Haller (*1835 – †1925) um ein Stockwerk erweitern ließ. Haller, der auch maßgeblich den Bau des Hamburger Rathauses verantwortete, achtete besonders darauf, die prunkvolle Rokokoausstattung und die aufwändige Stuckdecke im Mittelsaal zu erhalten.

Während des Zweiten Weltkriegs musste das Ensemble als Kriegsgefangenenlager und danach als

Notunterkunft herhalten. Während das Herrenhaus nach und nach verkam, wurde 1957 im Torhaus das Alstertal-Museum eingerichtet, das Fundstücke aus der Vor- und Frühgeschichte des Alstertals präsentiert, volkskundliche Objekte und bäuerliche Gerätschaften, im rechten Flügel hat heute der Kulturkreis Torhaus des Bürgervereins Wellingsbüttel seinen Sitz, der ein sehr lebendiges Kulturzentrum bildet. 1964 zog dann das Hansa-Kolleg ins Herrenhaus, eine Ganztagsschule, an der Erwachsene auf dem zweiten Bildungsweg Abitur machen konnten. Der letzte Nutzungswechsel fand 2006 statt, als das historische Gebäude grundsaniert und zu einer Seniorenresidenz mit 14 Appartements umgebaut wurde.

Burg Henneberg

Ein reicher Gutsbesitzer erbaute sich die künstliche Burgruine im Maßstab 1 : 4

Fast möchte man nach Rapunzel rufen, so märchenhaft thront die Miniatur-Burg Henneberg 15 Meter hoch über der Alster in Poppenbüttel.

Ausgerechnet Hamburgs einzige Burg, die jedes Klischee einer echten Ritterburg erfüllt, ist nur ein Nachbau, und das auch noch im Miniaturformat. Sonst stimmt fast alles an ihr: Sie thront auf einem Burgberg hoch über dem Fluss, hat Türme, Spitzdächer, Erker und Zinnen, auch eine echte Kapelle und einen Rittersaal, sie ist teilweise verfallen und klingt nach einem altehrwürdigen Adelsgeschlecht: Burg Henneberg, auch Alsterschlösschen genannt.

Der Bau steht südlich der Alsterschleife in Hamburg-Poppenbüttel erhöht über dem aufgestauten Teich der Mellingburger Schleuse. Es handelt sich um einen miniaturisierten Nachbau im Maßstab 1 : 4, inspiriert durch die Burgruine Henneberg bei Meiningen im südlichen Thüringen, wobei selbst der 15 Meter hohe Burgberg an der Alster nicht echt, sondern in dreijähriger Arbeit künstlich aufgeschüttet worden ist. Bauherr war der Gutsbesitzer Albert Henneberg (*1818 – †1896), der 1855 nach Poppenbüttel zog. Zunächst wollte er sich ein alpenländisch aussehendes Schweizerhaus errichten, entschloss sich am Ende aber zum Bau einer Burg. Allein

Zu Füßen der Burg Henneberg, eingebettet in den Hennebergpark, ruht der durch eine Alsterschleuse aufgestaute Schleusenteich.

Die Poppenbütteler Schleuse, mit dem Turm der Burg Henneberg im Hintergrund, ist eine der vielen Alsterschleusen, mit deren Hilfe die Wasserstände reguliert werden.

aufgrund seiner zufälligen Namensgleichheit mit der thüringischen Burg Henneberg, zu deren Erbauern er in keinerlei verwandtschaftlicher Beziehung stand, nahm er sich die dortige Ruine als inspirierendes Vorbild. So entstand, ganz dem mittelalterbegeisterten Zeitgeist des späten 19. Jahrhunderts entsprechend, in den Jahren 1884 bis 1887 diese verkleinerte Burgenkopie mit allem Drum und Dran, selbst Mauerwerksrisse im Turm wurden nur vorgetäuscht. Anfangs richtete Henneberg dort ein Familienmuseum ein, später vermietete die Familie das Schlösschen saisonal. 1942 wurde die Stadt Hamburg neuer Eigentümer, wusste aber mit dem ungewöhnlichen Bauwerk offenbar nichts anzufangen und ließ es jahrzehntelang verfallen, bis es 1989 wegen Einsturzgefahr sogar abgebrochen werden sollte. Ein privater Investor konnte den Abbruch verhindern und sorgte zunächst dafür, dass die Burg unter Denkmalschutz gestellt wurde, bevor er sie aufwändig restaurieren ließ. Das Herzstück ist der Rittersaal, der nur 6,30 mal 4,70 Meter misst, außerdem gibt es eine sechs Quadratmeter große Kemenate, eine gewölbte Vorhalle mit Mosaikfußboden und einen zwölf Meter hohen, zinnenbekrönten Bergfried.

Umgeben wird die neugotische Burg vom einstigen Park Marienhof, dem heutigen Henneberg-Park. Das leicht zur Alster abfallende, 3,5 Hektar große Gelände hat Albert Henneberg im Stil eines englischen Landschaftsgartens mit exotischen Gehölzen angelegt und ist ein öffentlich zugängliches Refugium.

Die nach mehreren Besitzerwechseln immer noch in Privatbesitz befindliche Burg wird als beliebte Location für Filmaufnahmen, Trauungen oder Firmenfeiern vermietet, auch wenn die Gästezahl aufgrund der Größe der Räumlichkeiten beschränkt ist. Mit der Gründung der gemeinnützigen Schlossstiftung Henneberg ist das Schloss seit 2014 für die Öffentlichkeit zugänglich und bietet ein vielfältiges wöchentliches Kulturprogramm.

Die Mellingburg

Ihre Lage in der Alsterschleife ist beeindruckend, doch gibt es keinerlei historische Nachrichten über diese Hamburger Burg

Folgt man dem Alsterwanderweg, so erreicht man in Sasel eine der landschaftlich malerischsten Passagen, die große Alsterschleife mit ihren sehr steilen Prallhängen. Genau an ihrer engsten Stelle, wo sich die Alster fast wieder berührt, wurde im Mittelalter die Mellingburg erbaut, auch Mellenburg genannt. Die spärlichen Reste des Burgwalls liegen erhöht auf einer sandigen Alsterterrasse, die zu beiden Seiten in die Flussniederung abfällt. Auf der Ostseite staut die Mellingburger Schleuse den Fluss auf, die 1528/1529 als Schiffsschleuse angelegt worden ist. Die schlüssellochförmige Burganlage bestand ursprünglich, wie auch die Rönneburg oder die Burg auf dem Falkenberg, aus einer Vor- und einer Hauptburg, von denen sich nur noch wenige Wallreste erhalten haben.

Der Wall der Mellingburg ist nicht wirklich so hoch, dass ein Absturzgeländer vonnöten ist, dennoch überblickt man von hier aus die gesamte Alsterschleife.

Die Vorburg umschloss eine Innenfläche von rund 1.000 Quadratmetern, die Hauptburg von immerhin gut 3.000 Quadratmetern. Während die Wälle der Vorburg nur noch im digitalen Geländemodell durch optische Hervorhebung schwach erkennbar sind, ist der Wall der Hauptburg als Hügel von knapp drei Metern Höhe erhalten. Dort steht an der engsten Stelle

Die Mellingburg liegt am Alsterwanderweg, der hier tiefe Geländeeinschnitte durchquert. Schon die Burgherren nutzten die verkehrstopografisch günstige Lage hoch über der Engstelle der Alsterschleife.

Die Alster ist rund um die Mellingburger Schleuse und die Alsterschleife ein wahres Naturparadies mit Teichen, kleinen Brücken, Bootsanlegestellen und vielen Orten zum Verweilen.

eine Sitzbank, die über eine Treppe zugänglich ist und von der aus die gesamte Anlage gut zu überblicken ist. Ein deutlicher Geländeabsatz trennt die Hauptburg von der Innenfläche der Alsterschleife ab. Heute stehen im Burgareal einige Häuser, die ohne begleitende archäologische Untersuchungen errichtet worden sind und erheblichen Schaden verursacht haben, die vor allem aber die Topografie der Burg verunklären. Außerhalb der Burg schließt sich im Norden auf der Ostseite der traditionsreiche Gebäudekomplex des Hotels und Restaurants Mellingburger Schleuse mit dem alten reetgedeckten Schleusenmeisterhaus an. Die sich unterhalb erstreckende, von der Alster umflossene Niederung ist als Biotop geschützt und bietet als sogenannte

Halbtrockenwiese idealen Lebensraum für zahlreiche Pflanzen, Vögel, Insekten und Amphibien, weshalb sie nicht öffentlich zugänglich ist.

Wie so oft gibt es auch zur Mellingburg keinerlei zeitgenössische historische Urkunden. Erstmals taucht sie 1783 auf der Saseler Flurkarte auf. So ist man bei der Datierung auf allgemeine Merkmale ihrer Topografie auf einem erhöhten Areal an einer Flussniederung angewiesen und kann sie in Analogie zu besser überlieferten Anlagen vorerst nur grob in die Zeit zwischen dem 9. und dem 11. Jahrhundert datieren.

Zwar führte das Hamburger Museum für Völkerkunde (heute MARKK) 1932 eine archäologische Ausgrabung am Hauptwall durch – immerhin ein über zehn Meter langer Wallschnitt –, doch sind die wenigen Scherbenfunde heute verschollen und die Befunde nichtssagend.

Hinweise auf eine mögliche frühmittelalterliche Zeitstellung des Burgwalls liefert ein Siedlungsplatz nordwestlich der Mellingburg am Treudelberg, wo slawische und spätsächsische Keramik und andere Siedlungsreste gefunden worden sind. Allerdings gibt es dort wie auch in der Niederung der Alsterschleife einen jungsteinzeitlichen Fundniederschlag, weshalb die Datierungsfrage doch am besten durch künftige Forschungsgrabungen geklärt werden sollte, die das Archäologische Museum Hamburg bereits plant.

Herrenhaus Wohldorf

Zahlreiche Umbauten haben das heute private Gebäude verändert, aber die Gründung als Wasserburg ist immer noch erkennbar

Am nördlichsten Zipfel von Hamburg liegt romantisch an der Ammersbek, einem Nebenfluss der Alster, das Herrenhaus Wohldorf. Umgeben ist es vom 278 Hektar großen Wohldorfer Wald, dem größten Laubwald Hamburgs, der seit 1980 unter Naturschutz steht und bereits seit 1770 als Erholungsgebiet geschätzt wird. Die Landschaft ist durch die eiszeitlichen Endmoränen geprägt und entsprechend hügelig, durchzogen von etlichen Wanderwegen.

Das Herrenhaus zeigt noch heute durch seine Lage auf einer von der Ammersbek gebildeten und dadurch gut geschützten Insel seinen Charakter als einstige mittelalterliche Wasserburg. Deshalb ist das gesamte Areal als geschütztes Bodendenkmal ausgewiesen, während das Herrenhaus selbst sowie weitere Bauten seit 1928 unter Baudenkmalschutz stehen.

Wie so oft liegen auch hier die Ursprünge im Dunkel der Geschichte. Die erstmalig 1306 als *castellum* im Rahmen eines Bündnisschlusses zwischen Hamburg und Lübeck erwähnte Burg Wohldorf

Das Herrenhaus Wohldorf hat schon viele Nutzungen erlebt, sogar als Notunterkunft für Heimatvertriebene und Ausgebombte. Heute ist es in Privatbesitz und scheint sich nur aus dieser Perspektive hinter hohen Bäumen verstecken zu wollen.

In den Jahren 1712–1714 wurde das Herrenhaus Wohldorf im Auftrag des Hamburger Rats als Amtssitz für die Waldherren – so hießen damals die Senatoren, die mit der Verwaltung der Walddörfer betraut waren – errichtet.

befand sich sehr wahrscheinlich an der Stelle des heutigen Herrenhauses, weshalb archäologische Untersuchungen kaum möglich sind, die vielleicht Licht in die Baugeschichte bringen könnten. Immerhin lassen sich aus der urkundlichen Überlieferung einige Daten zusammentragen: 1440 ging Wohldorf in den Besitz der Hansestadt Hamburg über. Zur Verwaltung dieses Landgebietes wurden Landherrenschaften gebildet, seit 1449 standen dann Waldherren im Namen des Hamburger Rates dem Jagd- und Forstwesen vor. 1487 wird die Burg bei einem Brand zerstört. Kämmereirechnungen aus diesem Jahr zeigen, dass Soldaten aus Hamburg zum Beräumen der Brandruine geschickt worden sind, damit bald ein neues Herrenhaus, das *Domus in Wohltorpe* errichtet werden konnte.

Nach über 200 Jahren wird das baufällige Gebäude abgebrochen und in seiner heutigen Form 1712–1714 als Fachwerk neu errichtet, außerdem wird die Zugangsbrücke im Osten als Drehbrücke erneuert. Das einstige Vorwerk, heute der *Wohldorfer Hof*, das durch eine hölzerne Brücke mit dem Herrenhaus verbunden war, wird 1777 als selbständiges Gut in Erbpacht vergeben, gleichzeitig wird die Frontseite des Gebäudes zur Westseite verlegt, wohin eine neue Brücke führt; die östliche Brücke wird in den 1860er Jahren endgültig beseitigt. Noch heute findet sich am damaligen Haupteingang an der Ostseite, der heutigen Rückseite, eine lateinische Inschrift zur Errichtung des Herrenhauses. Die Westbrücke wird schließlich 1856 durch einen Erddamm mit

Über dieses Brücklein im Park mag auch Astrid Lindgren (*1907 – †2002) spaziert sein, die mehrfach in Hamburg weilte und dann im Wohldorfer Herrenhaus wohnte. Hier wurde 1987 auch die Feier zum 80. Geburtstag der berühmten Kinderbuchautorin ausgerichtet.
Die Brücke überspannt die Ammersbek und ist Teil des Wanderwegs rund um den Mühlenteich.

steinernem Wasserdurchlass ersetzt und ist heute noch der Zugang zum Grundstück.

Im 18. Jahrhundert diente das Herrenhaus den Mitgliedern und Gästen des Hamburger Senats als sommerliches Domizil. Nach dem Ersten Weltkrieg war es schon sehr verwohnt, nach dem Zweiten Weltkrieg zogen schließlich Vertriebene und Ausgebombte in das Herrenhaus, was bis 1968 fortgeführt wurde. Danach übernahm die Alfred Toepfer Stiftung das Haus, sanierte es denkmalgerecht, um es 1975 als Kulturort für Konzerte und Vorträge wieder zu öffnen. 1996 kam das Haus schließlich in Privatbesitz und ist seither nicht mehr öffentlich zugänglich.

Dennoch lohnt der Ausflug allemal, um etwa die 1471 erstmals bezeugte Wohldorfer Mühle, heute das Restaurant Die Mühle, zu besuchen, wo seit 1792 Brot gebacken wird. Etwas bachaufwärts entlang der Ammersbek steht die alte Kupfermühle, 1622 zur Produktion von Messingdraht erbaut. Später diente sie als Baumwollweberei, bis der Kupferhof mit seinen Nebengebäuden zuletzt als Wohnhaus umgenutzt wurde. Fußläufig zu erreichen ist außerdem das 1999 gegründete Kleinbahn-Museum Wohldorf.

Von der Herrenhausallee über den Auewanderweg in Richtung Wohldorfer Wald erschließen sich immer wieder schöne Blicke auf das reizvolle Anwesen, das auf einer kleinen, von einem Wassergraben umgebenen Insel liegt.

Burg Stegen

Einst eine bedeutende Raubritterburg, deren Reste heute im Moor versinken

Viele Burgen in Norddeutschland entdeckt man nur mit einem guten Auge und viel Fantasie, und meist braucht man Gummistiefel. Burg Stegen erfordert alle drei, sie liegt nämlich gut einen Kilometer nördlich von Bargfeld und südlich des Nienwohlder Moores, umflossen von der sogenannten Alten Alster, dem ursprünglichen Alsterlauf. Die Lagebeschreibung verrät, dass die Reste der Burg im feuchten Niemandsland zu suchen sind, schließlich handelt es sich auch um eine ehemalige Wasserburg. Obwohl es Hinweisschilder gibt, führt der gut 500 Meter lange Fußmarsch vom Café Gut Stegen in ein Moorgebiet nicht zwangsläufig zum Ziel, denn eine hölzerne Brücke zur Burg ist wegen Baufälligkeit gesperrt, das Gras wuchert hoch und umgestürzte Bäume versperren den Weg. Ein im Wortsinn verlassener Ort.

Betreten auf eigene Gefahr! Was damals nur für Eindringlinge in die Raubritterburg Stegen galt, gilt heute sogar für Ausflügler, die die vollständig geschleifte Burg im Gelände aufsuchen und dabei die gesperrte baufällige Brücke überqueren.

Doch vor 700 Jahren war Burg Stegen überregional bekannt und als Raubritterburg gefürchtet. Manche Ortschronik schreibt, die Burg sei 1302 bereits urkundlich erwähnt worden, doch trifft dies nur auf die nahe Ortschaft zu. Die Burg selbst wird 1330 erstmals genannt, wobei sogar ihr Burgherr

Wo heute Buschwerk wuchert, stießen Archäologen 2020 auf wuchtiges Mauerwerk, Schwertbruchstücke und Armbrustbolzen als Zeugnisse ritterlicher Kämpfe im 14. Jahrhundert.

protokolliert wird: Johann von Hummersbüttel. Ihn als bloßen Raubritter abzutun, würde weder ihm noch der Burganlage gerecht, denn noch heute zeugen die gewaltigen Ausmaße von 190 mal 120 Metern mit gleich vier erkennbaren Burghügeln, Vorwerken, Wällen und Gräben vom Machtanspruch und Selbstverständnis des dem Niederadel entstammenden Burgherrn. Schon die Ortswahl war rein strategisch gewählt, direkt an den wichtigen Verkehrs- und Handelswegen von Hamburg nach Oldesloe, Segeberg und Lübeck. Hummersbüttel ließ sogar die Alte Alster rund um die Burg aufstauen, um die feuchte Niederung für Angreifer unpassierbar und dadurch Burg Stegen uneinnehmbar zu machen, sehr zum Ärger der flussabwärts lebenden Mühlenbetreiber und Schiffer, denen er das Wasser wörtlich abgrub. 1341 ließ der Burgherr einen so mächtigen Steinturm errichten, dass dieser sogar noch 40 Jahre später, nach seiner Schleifung, in einer Lübecker Chronik Erwähnung fand. So dauerte es nicht lange, bis sich eine mächtige Allianz zwischen der Stadt Hamburg und den Holsteiner Grafen bildete, die 1347 mit schwerem Belagerungsgerät gegen die Burg zog und diese massiv belagerte, aber angeblich nicht einnehmen konnte. Nun wird es historisch spannend, denn einige Historiker behaupten, der dänische König Waldemar IV. (*1321 – †1375) habe in diesen Streit eingegriffen und die Übergabe der Burg 1348 auf dem Verhandlungswege erreicht, andere Forscher sind der Meinung, dass hier eine Verwechslung mit der dänischen Burg Stege auf der Insel Møn vorliege. Das Endergebnis jedenfalls ist das gleiche: Nach dem Abzug des Burgherrn wurde die Burg niedergebrannt, geschleift und regelrecht dem Erdboden gleichgemacht, so dass kaum ein Vierteljahrhundert nach ihrer Erbauung von der überaus wehrhaften Anlage nichts mehr zu sehen war.

Jüngste Ausgrabungen, ausgelöst durch schweren Baumwurf in einem Wintersturm 2019, erbrachten nicht nur Relikte ritterlichen Lebens, wie Schwertfragmente, Reitersporen, Trinkgläser und importierte Töpferwaren, sondern deutliche Hinweise auf die massiven Kampfhandlungen, darunter Brandhorizonte und über 100 Armbrustbolzen mit deformierten Spitzen, die ihr Ziel also nicht verfehlt haben. Und die Archäologen legten das gewaltige Turmfundament frei, dessen Grundmaße von 15,50 mal 11,50 Metern erklären, warum das Bauwerk in die Lübecker Chroniken einging.

Raubritter, Herzöge und ein eiserner Kanzler

Vom Tunneltal zum Sachsenwald

Arnesvelde, Ahrensburg,
Linau, Trittau, Kuddewörde,
Friedrichsruh, Reinbek, Wentorf

Burg Arnesvelde

Das Rätsel um die verschwundene Burg, aus deren Steinen Schloss Ahrensburg erbaut worden sein soll

Die Burgruine Arnesvelde liegt an einem scheinbar unwirtlichen Ort. Im Westen bedrängt durch die vielbefahrene Bahnlinie Hamburg-Ahrensburg-Lübeck, im Norden durch die U-Bahn-Linie Hamburg-Ahrensburg und den südlichen Stadtrand, umweht den Ort dennoch eine gewisse Abgeschiedenheit, da sich der Burghügel aus einer sumpfigen Niederung erhebt, die teilweise nur über Holzstege betreten werden kann. Umgeben von einem Waldgebiet, dem Forst Hagen, bildet das Umfeld den nördlichen Ausläufer des großen Landschaftsschutzgebiets Stellmoor-Ahrensburger Tunneltal. Ein magischer, gleichzeitig aber auch vergessener Ort, dessen Geschichte und Bedeutung weitgehend unbekannt sind.

Das Letzte, was man in der sumpfigen Niederung am Ortsrand von Ahrensburg mitten im Wald erwarten würde, ist eine Burg. Und doch sind die Reste der Burg Arnesvelde umso beeindruckender, auch wenn es sich nur mehr um Gräben und Wälle aus Erde handelt.

Ein Grund für den geringen Kenntnisstand dürfte darin liegen, dass die Burg nach Ausweis der dürftigen urkundlichen Überlieferung nicht einmal hundert Jahre lang bestanden hat und bereits 1327 aufgegeben worden ist. Außerdem fanden bis heute keinerlei archäologische Untersuchungen statt, die zur Klärung hätten beitragen können.

Die gewaltigen Erdwälle und die enorme Ausdehnung der Burg indes sind beeindruckend und

lassen zumindest vermuten, dass Burg Arnesvelde einst von einiger landesgeschichtlicher Bedeutung gewesen ist. Das Zentrum der rund sechs Hektar großen Burganlage bildet ein ovaler Hügel, der im Norden eine auffällig runde Erhebung zeigt, wo möglicherweise die eigentliche Turmhügelburg stand. Etwas nördlich befindet sich ein weiterer Turmhügel, während nach Osten zu gewaltige halbkreisförmige Wall- und Grabensysteme wohl das Vorburgareal, also die Wirtschaftseinheiten absicherten.

Überlegungen zur Gründung der Burg bereits im 10. Jahrhundert entbehren jeder Grundlage, ebenso wie Zuschreibungen als Grafenburg des 11. Jahrhunderts, wenn doch Arnesvelde urkundlich erstmals 1195 namentlich erwähnt wird. Damit ist allerdings nicht einmal die Burg, sondern das gleichnamige Dorf gemeint. Auch später bezeugte Adlige *de Arnesvelde* müssen nicht nach der Burg, sondern können nach dem Ort benannt sein, helfen also zur Geschichtsschreibung nicht weiter. So muss man sich mit gelegentlichen Erwähnungen begnügen, etwa 1306 als *castellum*, 1314 als *hus* und 1323 als *castrum*, doch ist ihr deshalb noch lange keine Rolle als Verwaltungszentrum für das nordöstliche Stormarn anzudichten, wie die Lokalforschung bisweilen schreibt.

Als Graf Johann III. von Holstein-Kiel, genannt der Milde (*um 1297 – †1359), im Jahr 1326 im gut 15 Kilometer südöstlich gelegenen Trittau eine Wasserburg an der Bille erbaute, um von dort aus schauenburgisches Gebiet verteidigen zu können,

Teil des Moorwanderweges im Naturschutzgebiet Stellmoor-Ahrensburger Tunneltal ist die 320 Meter lange Brücke aus 77 schwimmenden Einzelteilen aus Eichenholz auf Hohlkörpern aus Plastik, die wie Pontons auf dem Wasser liegen und miteinander lose verbunden sind.

wurde damit das Ende der Burg Arnesvelde eingeläutet. Sie taucht fortan in der schriftlichen Überlieferung nie wieder auf, sieht man von einer vielzitierten Anekdote ab: 1567 kaufte der dänische König Friedrich II. (*1534 – †1588) das Land mitsamt der Burgruine und übereignete diese zwei Jahre später seinem verdienten Feldherrn Daniel Rantzau (*1529), der aber schon zwei Jahre später verstarb. Sein Bruder und Erbe Peter Rantzau (*1535 – †1602), Amtmann in Flensburg und Ratgeber des dänischen Königs, habe sich dann ab 1575 ein neues Herrenhaus erbaut, das heutige Schloss Ahrensburg. Für den Bau soll er ausgerechnet die Steine der Burgruine Arnesvelde abgetragen haben. Immerhin ein origineller Erklärungsversuch für das Fehlen jeglicher

Die gewaltigen Gräben und Wälle der Burg Arnesvelde nötigen noch heute Respekt vor der Bauleistung der Burgherren und der einstigen Größe der mittelalterlichen Wehranlage ab.

steinerner Fundamentreste im Umfeld der Wall-Grabenanlage, die aber möglicherweise – wie die Hammaburg, die Neue Burg, die Rönneburg, die Mellingburg und viele weitere – als reine Holz-Erde-Befestigung erbaut worden ist. Vereinzelt im Gelände aufgefundene Ziegelreste bleiben ohne Befundzusammenhang nichtssagend und können das Rätsel um die verschwundene Burg nicht lösen.

Rentierjäger im Tunneltal

Das Stellmoor-Ahrensburger Tunneltal ist eines der bedeutendsten archäologischen Fundareale Norddeutschlands und erstreckt sich über gut sechs Kilometer zwischen den Ortsrändern von Hamburg und Ahrensburg. Es wird als Tunneltal bezeichnet, weil sich mit zunehmender Erwärmung noch unter den Gletschern Schmelzwasser zu langgezogenen Rinnenseen geformt hat. Als sich die Gletscher vor gut 12.000 Jahren dann endgültig zurückzogen, entstand eine Tundralandschaft mit Toteisteichen, die ideal für die Besiedlung durch altsteinzeitliche Rentierjäger war.
In den folgenden Jahrtausenden haben sich über dem eiszeitlichen Tunneltal neue Schichtungen aufgebaut, so dass sich die Hinterlassenschaften der Rentierjäger immer tiefer einlagerten und heute gut geschützt in der Tiefe liegen und Bohrkerne sich hier wie ein Geschichtsbuch lesen lassen.
Archäologen stießen schon in den 1930er Jahren auf so günstige Erhaltungsbedingungen, dass sogar hölzerne Pfeile die Zeiten überdauern konnten. Es sind die ältesten bisher entdeckten Belege für den Gebrauch von Pfeil und Bogen. Die letzten Untersuchungen fanden 2015 statt, weil das Areal durch den Bau der S-Bahn-Trasse gefährdet ist und Probegrabungen die Ausdehnung und heutige Erhaltung der Fundstellen klären sollten.
Zwei bedeutende späteiszeitliche Kulturen sind nach den Fundstellen benannt: die Hamburger Kultur (um 12.000 v. Chr.) und die Ahrensburger Kultur (um 10.000 v. Chr.).

Schloss Ahrensburg

Wie ein Herrenhaus in Woldenhorn zum Schloss wurde und der Stadt seinen Namen gab

Seit 1585 ist das schneeweiße Schloss das Wahrzeichen der Stadt Ahrensburg, der es sogar seinen Namen übertragen hat.

Schloss Ahrensburg ist allein schon namentlich ein Kuriosum, denn erbaut wurde es im 16. Jahrhundert als Herrenhaus, wird aber bereits seit dem 18. Jahrhundert als Schloss bezeichnet. Zudem erfolgte die Gründung nicht etwa in Ahrensburg, sondern am Rande der Ortschaft Woldenhorn, die erst 1867 per Gemeindebeschluss den Namen des Adelsgutes angenommen hat und im heutigen Ahrensburg aufgegangen ist. Das Herrenhaus selbst wiederum bezieht sich namentlich auf die einstige Burg Arnesvelde, deren Reste keine drei Kilometer weiter südlich im Wald liegen. Eine Namensübertragung quasi im Staffellauf.

Die Burg Arnesvelde wurde 1327 aufgegeben. Später kaufte der dänische König Friedrich II. (*1534 – †1588) die Ländereien mitsamt der Burgruine und vier Dörfern und übereignete sie 1567 als Belohnung seinem verdienten Feldherrn Daniel Rantzau (*1529), der dem holsteinischen Uradel entstammte. Allerdings starb Daniel bereits zwei Jahre später, so dass sein Bruder Peter Rantzau (*1535 – †1602) das Erbe antrat und sich bald ein neues Herrenhaus im idyllischen Hunnautal erbaute, das heutige Schloss Ahrensburg, das 1585 fertiggestellt wurde.

Die Schlosskirche wurde 1593/1994 unter Peter Rantzau zusammen mit dem Ahrensburger Schloss als Kapelle und Adelsgruft errichtet und später mehrfach verändert. Die angebauten sogenannten Gottesbuden, links im Bild, ursprünglich zwei Reihen mit je zwölf Wohnungen, dienten als Unterkünfte für Bedürftige.

Kein Gästeführer versäumt, die Anekdote zu erzählen, dass Rantzau für den Bau des Herrenhauses die Burgruine Arnesvelde als Steinbruch genutzt und sie vollständig abgetragen habe. Der gesunde Menschenverstand verweist diese Version allerdings eher ins Reich der Mythen, wenn man bedenkt, dass der uradlige Bauherr nicht gerade Not litt. Sein Cousin Heinrich Rantzau (*1526 – †1598) trug möglicherweise mit folgendem Gedicht zur Mythenbildung bei, das man durchaus als Beschreibung einer effizienten Burg-Recycling-Maßnahme missinterpretieren kann, das aber viel eher die Wiederaufnahme einer altehrwürdigen Namens- und Funktionstradition meint:

Seht mich Burg, die künftig im Munde der Zeit soll leben,
Arnsburg werd ich mit wohl passendem Namen benannt,
einsam lag und in Trümmer verging mein modernd Gesteine.
Nunmehr steh ich erneut schöner an schönerem Ort.

Weiter beschreibt er „einen mit unbegreiflichen Kosten errichteten Bau, dessen Räume mit Gold und Silber bekleidet waren“. Passen dazu wirklich Trümmerfrauen oder -männer, die in der seit 250 Jahren verlassenen Burgruine Steine für den Neubau klopfen?

Wie dem auch sei, ist der von Heinrich gepriesene neue Ort in der Tat deutlich schöner als die sumpfige Niederung Arnesvelde am Nordrand des Tunneltals,

Die historische Mühle am Ahrensburger Schloss ist ein regelrechtes Postkartenmotiv mit der alten Brücke, den Mühlsteinen und dem mehrteiligen Gebäudeensemble samt Spalierbäumen. Ihr genaues Alter ist nicht bekannt, auf einer Karte von 1746 ist sie aber bereits eingetragen.

und das Schloss ist ein Prachtbau und Hauptwerk der Renaissance-Architektur in Schleswig-Holstein.

Ergänzt wurde das Herrenhaus um die gegenüberliegende Gutskirche und die sogenannten Gottesbuden, die auch heute noch als Wohnungen für sozial schwache Menschen dienen.

Bis zum 18. Jahrhundert lebten im Schloss sieben Generationen Rantzau, bis der hochvermögende Kaufmann Heinrich Carl von Schimmelmann (*1724 – †1782) die Gutsanlage 1759 mitsamt dem Herrenhaus erwarb. Schimmelmann hatte sein Vermögen mit dem Betrieb diverser Manufakturen und Plantagen gemacht, profitierte aber auch vom Sklavenhandel, weshalb er heute sehr umstritten ist. Ihm gehörte unter anderem Schloss Wandsbek im

Norden Hamburgs. Ahrensburg blieb wiederum sieben Generationen im Besitz der Familie Schimmelmann, bis das Gut infolge der Weltwirtschaftskrise Ende der 1920er Jahre nicht mehr zu halten war. 1929 kaufte die örtliche Kreissparkasse das Schloss und richtete schon 1935 ein Museum ein. Im Krieg zwar unbeschädigt, kam es dennoch zu kriegsbedingten Zwischennutzungen, als Lazarett, als Kommandostelle der Britischen Armee, als Flüchtlingsunterkunft und von 1947 bis 1954 als Berufsschule. Ab 1955 aber wurde das Schloss behutsam saniert und einer kulturellen Nutzung zugeführt, die bis heute unter dem Dach mehrerer Stiftungen den Erhalt des Schlosses sichert.

Beim Spaziergang durch den als englischer Landschaftsgarten angelegten Schlosspark Ahrensburg gibt sich der Charakter als Wasserschloss deutlich zu erkennen.

Burg Linau

Die einstige Burg war so mächtig gebaut, dass ihre Erstürmung erst nach drei Wochen gelang

Die mittelalterlichen Burgen des gesamten Hamburger Umlandes sind entweder komplett verschwunden, wie in Pinneberg, oder nur mehr am Boden oder im Luftbild als schwache Erhebungen zu erahnen. Wo sie dann doch mal auf beeindruckender Höhe liegen, wie in Rönneburg, am Falkenberg oder auf dem Süllberg, bestanden ihre Gebäude nur aus Holz und sind spurlos vergangen. Vor diesem Hintergrund ist die Burgruine von Linau durchaus beeindruckend, wird sie doch durch den Fundamentrest eines im Zentrum stehenden, aus Granitfindlingen errichteten mächtigen Rundturms dominiert.

Der Turm der Burg Linau hatte einen Durchmesser von zehn Metern bei einer Wandstärke von drei Metern, wie bei Ausgrabungen 2018 festgestellt werden konnte.

Linau liegt ziemlich genau in der Mitte zwischen Hamburg und Ratzeburg im Kreis Herzogtum Lauenburg. Am nordwestlichen Ortsrand erhebt sich der weithin sichtbare baumbestandene Burghügel nahe der Billequelle, die nur 250 Meter nordwestlich der Burg entspringt. Die Ortschaft wird im Jahr 1230 erstmals im Ratzeburger Zehntregister erwähnt, einem als Überblick über die Einnahmen des Bistums angelegten Verzeichnis. Von der Burg selbst ist erst 1291 die Rede, was jedoch nichts über den Zeitpunkt ihrer Gründung aussagt, der im Dunkeln bleiben

muss. Es ist vielmehr bereits ihr Ende, da die Burg Linau infolge des Landfriedensbündnisses, das Lübeck am 1. Januar 1291 mit mehreren mecklenburgischen Fürsten einging, niedergelegt werden musste. Leider sind die Verhältnisse etwas komplizierter, denn es gibt in Linau einen zweiten Burghügel, den nur zwei Kilometer nordwestlich in den Wiesen des Linauer Oberteichs gelegenen Schloßberg, und die Nachrichten könnten sich auch auf diese Burg beziehen. Dann wäre ihr Nachfolgebau, dessen beeindruckende Reste heute an der Billequelle liegen, 1308 an anderer Stelle errichtet worden. Diese These hielt sich lange, bis bei Ausgrabungen 2018 eine deutliche Brandschicht dokumentiert werden konnte, die darauf hinweist, dass die zweite Burg über der Brandruine der ersten erbaut worden ist. Doch auch diese zweite Burg hatte nur kurze Zeit Bestand, bevor sie 1349 zerstört wurde.

In den vier Jahrzehnten ihres Bestehens erwarb sie sich den Ruf einer regelrechten Raubritterburg, die wegen ihrer Festigkeit berüchtigt und zugleich eine echte Plage für die weite Umgebung war. So hielt sie beispielsweise 1312 einer Belagerung durch Graf Gerhard II. von Holstein-Plön (*1254 – †1312) stand. Namentlich sind als Eigentümer der Burg die Raubritter Ludolf und Heinrich Scharpenberg bekannt, die 1330 *in castro nostro Lynowe* eine Urkunde ausstellten, und deren Nachfahren die Burg 1345 eintauschten, aber schon ein Jahr später kurzerhand zurückeroberten. Echte Raubritter eben.

Ein erneutes Landfriedensbündnis der Städte Hamburg und Lübeck sowie der Grafen von Holstein und der Herzöge von Lauenburg bereitete der Burg 1349 schließlich ihr Ende, doch hat es das Bauwerk den Eroberern nicht leicht gemacht: Ganze drei Wochen lang wurde Burg Linau von einem 1.500 Mann starken Lübecker Heer mit schwerem Gerät belagert und erst dann endgültig zerstört.

Einen Eindruck davon vermittelt die heutige 80 mal 160 Meter große Anlage mit drei Burghügeln, die jeweils durch einen gut zehn Meter breiten Wassergraben voneinander getrennt und zusätzlich von einem breiten Graben umgeben sind. Der Haupthügel misst rund 50 Meter im Durchmesser und ragt rund sieben Meter über die Sohle des umgebenden Grabens hervor.

Als 2018 die sichtbaren Mauerreste gesichert werden sollten, ergriff man die Gelegenheit zu einer archäologischen Untersuchung. Dabei zeigte sich, dass der mächtige Turmstumpf im 19. Jahrhundert als Brennkammer eines Ziegelbrennofens zweckentfremdet worden war. Das Turminnere, also der spätere Brennofen, hat einen Durchmesser von vier Metern, die Wandstärke beträgt drei Meter, was dem Turm einen Gesamtdurchmesser von zehn Metern verleiht.

Der Stumpf des mächtigen mittelalterlichen Burgturms von Linau wurde im 19. Jahrhundert zu einem Ziegelbrennofen umfunktioniert. Die Brennkammer war immerhin vier Meter groß.

Schloss Trittau

Jahrhundertelang ging hier der höchste Adel ein und aus, heute markiert nur mehr ein Baumkreis den einstigen Standort des Schlosses

Von Schloss Trittau, 1326 erbaut, steht kein Stein mehr auf dem anderen, aber die alte Straße atmet noch die einst große Geschichte der Burg, auf der die höchsten Adelskreise verkehrten.

Trittau ist wahrscheinlich eines der eindrücklichsten Beispiele für die Vergänglichkeit alles Irdischen. Obwohl hier einst das *Who is who* der Geschichtsbücher verkehrte und die alte Wasserburg zu einem prächtigen Schloss ausgebaut wurde, die landesgeschichtlich von höchster Bedeutung war, ist die einstige Burgstelle heute nur mehr aus der Luft anhand einer auffälligen kreisförmigen Baumgruppe erkennbar, deren Wurzeln wohl im fruchtbaren Boden des verfüllten Burggrabens die Kronen gut gedeihen lassen. Leider muss auch die funktionale Beziehung zur Burg von Kuddewörde ungeklärt bleiben, obwohl beide nur zwei Kilometer auseinander liegen. Denkbar wäre nämlich eine Rolle als sich gegenseitig kontrollierende Grenzposten genau im Grenzbereich zwischen den schauenburgischen Gebieten Holsteins und dem nahen Herzogtum Sachsen-Lauenburg mit der Bille als Grenzfluss. Da aber die Gründungsgeschichte von Kuddewörde im Dunkeln liegt, sind Spekulationen müßig. Für Trittau ist hingegen das Gründungsdatum 1326 überliefert, als Graf Johann III. von Holstein-Kiel, genannt der Milde (*um 1297 – †1359), eine Wasserburg an der Bille

Die alte Kornmühle von Trittau wird zwar erstmals 1599 erwähnt, bestand hier aber sicher schon zur Burgzeit im 14. Jahrhundert.

erbaute, um hier die schauenburgischen Gebiete Holsteins zu verteidigen. Im Schnittpunkt wichtiger Handelsrouten nach Lübeck und Hamburg sowie zum Elbübergang bei der Ertheneburg gelegen, kam es nämlich häufiger zu Scharmützeln mit dem berüchtigten Raubritter-Geschlecht der Scharpenbergs aus dem nahen Linau. Nach dem Aussterben der Schauenburger kam es zu diversen Besitzerwechseln, unter anderem 1460 an das dänische Königshaus, 1534 an den Lübecker Feldherrn Marx Meyer (†1536), noch im selben Jahr schon wieder zurück an Dänemark und 1544 an das neu gegründete Herzogtum Schleswig-Holstein-Gottorf. Wohl 1581 ließ Herzog Adolf I. von Schleswig-Holstein-Gottorf (*1526 – †1586), der dritte Sohn des dänischen Königs, die veraltete Wasserburg abreißen und ein prächtiges Schloss im Stil der niederländischen Renaissance bauen, das stilistisch dem des benachbarten Reinbek ähnelte. In den Wirren des Dreißigjährigen Krieges nahmen 1627 die schwedischen Heerführer Tilly (*1559 – †1632) und Wallenstein (*1583 – †1634) das Schloss als Hauptquartier für ihren Heerzug gegen Holstein ein und zogen um Trittau sagenhafte 30.000 Söldner zusammen. Nach dem Krieg waren 1657 König Karl X. Gustav von Schweden (*1622 – †1660) und 1659 Kurfürst Friedrich Wilhelm von Brandenburg (*1620 – †1688) zu Gast auf Schloss Trittau. Bald aber sank sein Stern, und das Schloss diente – wie auch dessen Pendant in Reinbek – als Sitz des Amtmanns. Durch den Vertrag von Zarskoje Selo, der 1773 im heutigen

Das Ensemble der Trittauer Mühle mit seinem gut 300 Jahre alten Fachwerk-Wohnhaus liegt etwas abseits des Ortszentrums am Mühlenteich und wird heute als Kulturzentrum genutzt.

Die Napoleon-Brücke wurde zwischen 1805 und 1808 erbaut und war ein wichtiger Übergang über die Schönau, den Trittauer Mühlbach, auf der alten Handels- und Heerstraße von Hamburg über Mölln nach Mecklenburg. Bis in die 1960er Jahre quälte sich der gesamte Hauptverkehr zwischen den Radabweisern aus Granit hindurch.

Puschkin geschlossen wurde und die Erbfolgen in Schleswig-Holstein regelte sowie eine weitere Aufsplitterung des Territoriums verhinderte, fiel Trittau ganz an Dänemark und wurde kurz darauf 1775 wegen Baufälligkeit abgerissen. Heute markiert die Straße Zur Krim am östlichen Ortsrand den ungefähren Standort des Schlosses.

Im Ortskern überspannt die im Volksmund sogenannte Napoleonbrücke den Trittauer Mühlenbach. Die einbogige Natursteinbrücke mit massiver Brüstung wurde 1805 – 1808 erbaut und war bis in die 1960er Jahre vielbefahren, steht aber seit 1971 unter Denkmalschutz und ist heute für Kraftfahrzeuge gesperrt.

Die 1701 erbaute Wassermühle wird seit 1992 als Kulturzentrum betrieben und bietet Musik, Lesungen, Vorträge und Kleinkunstveranstaltungen, in der Mühlengalerie präsentieren bildende Künstler ständig ihre Werke.

Burg Kuddewörde

Über kaum eine Burg weiß man so wenig, und doch hatte sie wohl mächtige Feinde

Die einstige Burg Kuddewörde im Kreis Herzogtum Lauenburg ist ein gutes Beispiel für die Zufälligkeiten der Überlieferungsgeschichte. Weder gibt es nämlich Nachrichten aus ihrer Frühzeit, noch fanden jemals archäologische Untersuchungen statt, und zuletzt ist ihr Erhaltungszustand so unscheinbar, dass nicht einmal sicher zu entscheiden ist, welche Form oder Ausdehnung die Anlage gehabt haben mag.

Den einstigen Burgplatz von Kuddewörde markiert nur mehr ein rechteckiger Baumkranz. Das als *Schanz* benannte Areal direkt an der Bille ist am besten aus der Luft auszumachen, am Boden ist es dagegen unscheinbar.

Zwischen der spätgotischen St. Andreas-Kirche und der Bille liegen in der Flussniederung die Reste des rechteckigen, leicht erhöhten Burgplatzes, auch *Schanz* genannt. Er weist Maße von gut 57 mal 28 Metern auf und ist von einem fast zehn Meter breiten Graben umgeben. Östlich davon schließt sich ein flach gewölbter Rundhügel von 25 Metern Durchmesser mit einem Ringgraben von sieben Metern Breite an, der unmittelbar an die verflachte Ostflanke der *Schanz* grenzt. Aufgrund der dürftigen Kenntnislage bleibt unklar, ob der erhöhte Burgplatz und der Turmhügel möglicherweise eine funktionale Einheit gebildet haben und beide Gräben miteinander verbunden waren, oder ob beide Anlagen überhaupt gleichzeitig bestanden haben. Zumindest

lieferten beide Fundstellen bislang oberflächlich aufgelesenen Ziegelschutt und mittelalterliche Scherben.

Die Bille fungiert hier als Grenzfluss zwischen den Kreisen Stormarn und dem Herzogtum Lauenburg, weshalb eine Burganlage hier durchaus von einiger strategischer Bedeutung sein kann. Die erstmalige namentliche Nennung Kuddewördes – wohlgemerkt der Ortschaft, nicht der Burg – erfolgte im Jahr 1230 unter dem altsächsischen Namen *Kuthenworden* als Eintrag im Zehntregister des Bischofs von Ratzeburg, eine Art Steuerverzeichnis.

Was aussieht wie ein Architektenentwurf aus den 1960er Jahren, ist im Kern ein spätgotischer Backsteinbau: Die St. Andreas-Kirche von Kuddewörde war im Mittelalter ein Kloster, von dem sich noch zahlreiche Ausstattungsstücke erhalten haben. Ein Besuch lohnt allein schon wegen der wunderbaren Rosen an der Kirchenfassade.

1420 kommt es zur Zerstörung und Schleifung einer *Veste to kordeworde* durch die Städte Hamburg und Lübeck bei einer gemeinsamen Fehde mit dem Herzogtum Sachsen–Lauenburg, wobei keineswegs gesichert ist, ob damit wirklich die Burg in der Billeniederung gemeint ist. Für Lauenburg waren diese Kämpfe sehr folgenschwer, denn mit dem Vertrag von Perleberg vom 23. August 1420 wurde zwar der Frieden wiederhergestellt, doch verlor das Herzogtum Lauenburg Bergedorf, die Vierlande, die Vogtei Riepenburg mit Geesthacht sowie den halben Sachsenwald an die Siegermächte.

Die Grander Mühle gilt als die älteste Kornwassermühle Norddeutschlands und wird bereits 1345 erwähnt. Die Begradigung der Bille 1969 hätte fast ihr Ende bedeutet, doch konnte sie zum Hotel und Restaurant umgewidmet werden.

Kuddewörde liegt am Nordrand des Sachsenwaldes, wo sich echtes Naturparadies abseits der großen Hauptrouten erhalten hat.

Der Sachsenwald ist heute das größte zusammenhängende Waldgebiet in Schleswig-Holstein. Hier gibt es viele Wanderwege und Sehenswürdigkeiten, aber auch die Kirche St. Andreas unmittelbar südlich der Burgstelle mit ihrer denkmalgeschützten Ausstattung ist einen Besuch wert. Die Grander Mühle, heute gleichnamiges Hotel und Restaurant, wurde als Kornwassermühle bereits 1345 erstmals urkundlich erwähnt, in den 1980er Jahren aufwändig restauriert und steht seither unter Denkmalschutz.

Friedrichsruh

Der Eiserne Kanzler Bismarck ist allgegenwärtig, dessen Gebeine hier sogar im Mausoleum ruhen

Eigentlich muss man sich fast wundern, dass die Waldungen nicht Bismarckwald und die Ortschaft nicht Ottosruh heißen. Denn ansonsten gibt es weit und breit kaum einen Stein, Baum oder Turm, der nicht den Namen des Eisernen Reichskanzlers (*1815 – †1898) trägt. Aber genau so, wie der politische Glanz des Fürsten in den letzten Jahrzehnten verblasste, sind auch das Familienanwesen und die Ländereien ein wenig ins Hintertreffen geraten. „The Wind of Change", würden die Scorpions pfeifen, Dylan dagegen würde „The Times They Are a-Changin'" nuscheln.

Nicht nur der Namensgeber Friedrich suchte hier schon 1763 seine Ruh', sondern auch dessen Nachfolger, die Familie von Bismarck, die bis heute das abgeschirmte Anwesen im Sachsenwald bewohnt.

Der Sachsenwald ist mit gut 70 Quadratkilometern Fläche das größte Waldgebiet Schleswig-Holsteins und bildete im frühen Mittelalter den Grenzwald zwischen den Sachsen und den östlich benachbarten Slawenstämmen, woher der Name rührt.

Im Jahr 1763 erbaute sich der regierende Graf Friedrich zur Lippe-Biesterfeld (*1706 – †1781) ein Jagdhaus, das fortan Friedrichsruh heißen sollte. Nach dem Tod des Namensgebers wurde es in eine Gastwirtschaft umgewandelt. Ihr Betrieb war zu

Otto von Bismarck ließ die bescheidene Waldgaststätte nach 1871 zu einem schlossartigen Herrenhaus ausbauen, das er bis zu seinem Tode 1898 bewohnte. 1945 wurde es in den letzten Kriegstagen zerstört.

Postkutschenzeiten noch wenig rentabel, was sich aber rasant änderte, als die neue Bahnstrecke Hamburg-Berlin genau hier einen Bahnhof erhielt. Friedrichsruh erblühte und bald wich das alte Jagdhaus einem noch größeren Gasthaus.

Kaiser Wilhelm I. (*1797 – †1888) schließlich schenkte seinem geschätzten Kanzler für dessen Verdienste um den Sieg über Frankreich und die Reichsgründung 1871 den ganzen Sachsenwald. Für den 56-jährigen Otto von Bismarck war dies Anlass, seinen künftigen Wohnsitz von Schönhausen an der altmärkischen Elbe und Varzin in Pommern in seine neuen Latifundien bei Hamburg zu verlegen. Er ließ die alte Gaststätte umfassend zu einem schlossartigen Herrenhaus um- und ausbauen, das er zu seinem künftigen Alterssitz und zum Familiensitz der Bismarcks erkor.

Hier lebte er zusammen mit seiner Frau Johanna, und beide wurden hier auch in dem 1899 errichteten neuromanischen Mausoleum bestattet, das auf einer Anhöhe im Süden der Ortschaft liegt. Dessen oktogonaler Turm erinnert an die berühmte Kirche San Vitale in Ravenna, auch wenn oft kolportiert wird, es handle sich um eine Nachempfindung des Theoderich-Mausoleums in Ravenna. Ginge es nach dem Wunsch Kaiser Wilhelms II. (*1859 – †1941), wäre Bismarck ohnehin mit Pomp und Gloria im Berliner Dom bestattet worden, was Bismarck aber vorab durch die Wahl seiner letzten Ruhestätte am Wohnort zu verhindern wusste. Gleichzeitig vereitelte er auch hier einen pompösen Staatsakt, denn dieser

Otto von Bismarck sollte eigentlich in Berlin seine letzte Ruhestätte finden, wollte aber auf seinem Gut in einem eigenen Mausoleum bestattet werden. Architektonisch folgt es spätantiken Vorbildern in Ravenna.

Als wäre er nur eben kurz in den Garten gegangen: Das Bismarck-Museum im Fachwerkbau des einstigen Landhauses Friedrichsruh präsentiert neben anderen Erinnerungsstücken das Arbeitszimmer des Eisernen Kanzlers originalgetreu.

Otto von Bismarck

Bismarck (*1815 – †1898) war einer der bedeutendsten Politiker der deutschen Geschichte. Seine politische Karriere begann 1848 im preußischen Landtag, 1862 berief ihn König Wilhelm I. (*1797 – †1888) zum preußischen Ministerpräsidenten. Unter ihm setzte Preußen mit den Deutschen Einigungskriegen die Idee eines deutschen Nationalstaates durch. So entstand nach dem Deutsch-Dänischen Krieg (1864), dem Krieg gegen Österreich (1866) und dem Deutsch-Französischen Krieg (1870/1871) 1871 das preußisch dominierte Deutsche Kaiserreich, dessen erster Reichskanzler er bis 1890 wurde. Kaiser Wilhelm II. (*1859 – †1941) setzte den Machtpolitiker schließlich ab, der sich verbittert nach Friedrichsruh zurückzog. Im historischen Rückblick wird vor allem das Vorgehen des „Eisernen Kanzlers" gegen die Sozialdemokraten kritisch gesehen, die er als „Reichsfeinde" betrachtete. In jüngster Zeit rückt zudem seine Rolle als Geburtshelfer des deutschen Kolonialismus in den Fokus, weshalb es heftige Diskussionen um den künftigen Umgang mit seinem Gedenken gibt.

Otto von Bismarck 1886 an seinem Schreibtisch, auf genau dem Stuhl, der im Museum vor Ort zu sehen ist.

Partie im Sachsenwald in Friedrichsruh bei Aumühle an der Bille, die noch heute die idyllische Abgeschiedenheit von Bismarcks Refugium spürbar werden lässt.

wäre durch die zwischen Schloss und Grabkapelle verlaufende Bahnlinie zerschnitten worden.

Obwohl das gesamte Anwesen, wohl auch durch seine Abgeschiedenheit, den Krieg unversehrt überstanden hatte, sorgte in den letzten Kriegstagen das Gerücht, Heinrich Himmler (*1900 – †1945) und weitere führende NS-Funktionäre hielten sich dort auf, für einen verheerenden Angriff durch britische Bomber am 29. April 1945.

Die Familie Bismarck baute das Herrenhaus in den Nachkriegsjahren wieder auf, geschmacklich allerdings etwas eklektizistisch, was sich in diversen späteren An- und Umbauten fortsetzt, denen die eine oder andere schmiedeeiserne Volute weniger sicher gutgetan hätte.

Der einstige Bahnhof ist heute Sitz der Otto-von-Bismarck-Stiftung, einer von insgesamt sechs Politiker-Gedenkstiftungen des Bundes, mit einer Dauerausstellung zum Thema „Otto von Bismarck und seine Zeit“. Gegenüber liegt auf der anderen Straßenseite in einem hübschen Fachwerkbau, dem einstigen Landhaus Friedrichsruh, das Bismarck-Museum. Es nähert sich in zehn Räumen der Person Bismarcks und präsentiert – seit 1998 unverändert und derzeit kurz vor einer dringend notwendigen Neukonzeption – gleich einem Gedenkschrein persönliche Erinnerungsstücke, Gemälde, Mobiliar aus seinem Arbeitszimmer und die zerfledderten Récamièren seiner beiden Doggen.

Wirklich sehenswert ist dagegen der Garten der Schmetterlinge, ein Schmetterlingszoo mit rund

Einen sommerlichen Ausflug ist der Schmetterlingsgarten wert, den die 2023 verstorbene Fürstin Elisabeth von Bismarck (*1939 – †2023) 1988 in den historischen Gewächshäusern des Schlossgartens gegründet hat.

1.000 exotischen Exemplaren, den die Familie 1988 im Schlosspark eingerichtet hat. Wer noch mehr vom Hauch der Geschichte spüren möchte, kann zur Bismarck-Eiche wandern, den Gedenkstein für die Toten des versenkten Flaggschiffs Bismarck beim Mausoleum besuchen oder den zwei Kilometer entfernten, 27 Meter hohen Bismarckturm in Aumühle erklimmen und von dort die Aussicht über Bismarcks Sachsenwald genießen.

Schloss Reinbek

Nordische Renaissance in Reinkultur, behutsam restauriert und heute kultureller Mittelpunkt, ein echter Glücksfall

So stellt man sich ein Schloss in Norddeutschland vor: viel roter Backstein, wenig heller Sandstein, wenig Schnörkel und klar gegliedert. Tatsächlich erfüllt Schloss Reinbek diese Kriterien mustergültig, wenn auch sein heutiger Zustand das Ergebnis glücklicher Fügungen und einer gekonnten Restaurierung ist. An seiner Stelle stand ursprünglich ein Zisterzienserkloster aus dem 13. Jahrhundert, das aber nach der Reformation 1529 säkularisiert und in der sogenannten Grafenfehde, einer kriegerischen Auseinandersetzung zwischen Lübeck und der dänischen Krone, 1534 weitgehend zerstört wurde.

Auf dem ehemaligen Klostergelände errichtete Herzog Adolf von Schleswig-Holstein-Gottorf (*1526 – †1586) in den Jahren 1572 bis 1576 den heutigen Schlossbau als Dreiflügelanlage im Stil der niederländischen Renaissance. Reinbek diente dem Herzog als südliche Nebenresidenz zum 130 Kilometer entfernten Schloss Gottorf, außerdem war es Jagdschloss, wenn der Herzog im nahen Sachsenwald zur alljährlichen Parforcejagd lud. Die Klosterruine fungierte als Steinbruch und wurde so gründlich abgetragen, dass nicht einmal Aus-

Die historischen Arkadengänge des Renaissancebaus stellen ein markantes Charakteristikum von Schloss Reinbek dar und zeigen deutlich, dass das Gebäude nie der Verteidigung, sondern allein der Repräsentation diente.

Die Grafenfehde

Nach dem Tod des dänischen Königs Friedrich I. (*1471 – †1533) kam es zu einem kurzen, aber heftigen lübisch-dänischen Krieg, der sogenannten Grafenfehde von 1534 bis 1536, benannt nach den beiden Protagonisten Christoph von Oldenburg (*1504 – †1566) und Johann VII. von Hoya (†1535). Hauptgegner aber waren zwei Christians: Friedrichs Neffe Christian II. (*1481 – †1559), der bereits von 1513–1523 König von Dänemark und Norwegen gewesen war, aber nun zu gierig erneut nach der norwegischen Krone griff und deshalb abgesetzt worden war, und der älteste Sohn Friedrichs, Christian III. (*1503 – †1559), der aber dem katholischen dänischen Adel zu reformatorisch war. So versuchten besagte Grafen, unterstützt durch Lübeck, den abgesetzten Christian II. wieder auf den Thron zu hieven, mit der Folge, dass der Adel und die Geistlichkeit lieber den Luther-Bewunderer Christian III. zum König wählten, um die Vormachtstellung Lübecks zu verhindern. Am Ende behielt der neue König die Oberhand, Lübeck verlor endgültig die Ostseeherrschaft und Norwegen seine Selbständigkeit. Eine „Fehde" mit weitreichenden Folgen.

grabungen die ursprüngliche Anordnung der Klostergebäude erbrachten.

Schloss Reinbek ist in mehrfacher Hinsicht bemerkenswert: Es ist das einzige Schloss in Schleswig-Holstein, das aus der Zeit Herzog Adolfs erhalten ist, zudem ist es der erste reine Schlossbau, der ohne jegliche fortifikatorische Elemente auskam, also keine Wälle, Wassergräben, Zugtore oder Schießscharten etc. aufweist, und es ist eines der bedeutendsten Renaissanceschlösser im Norden.

Heute kaum vorstellbar, dass die Renaissance-Arkaden von Schloss Reinbek für eine zwischenzeitliche Hotelnutzung jahrzehntelang zugemauert waren und erst 1977 wieder freigelegt wurden.

Verwaltet wurde es in Abwesenheit des Herzogs von Amtmännern, die hier bis zum 19. Jahrhundert ihren Sitz hatten. Kriegswirren und familiäre Verflechtungen des Hauses Holstein-Gottorf brachten das Schloss abwechselnd in Abhängigkeit zum dänischen Königshaus und zum russischen Zarenhaus. Die Mutter von Katharina der Großen (*1729 – †1796) war auch Gräfin von Reinbek und beabsichtigte, hier ihren Lebensabend zu verbringen. Immer wieder kam es zu Umbauten und Erweiterungen, doch verlor das Ensemble als Residenz mehr und mehr an Bedeutung und wurde baulich vernachlässigt, so dass man zu Beginn des 19. Jahrhunderts sogar den Abriss erwog, der 1818 nur knapp durch ein Gutachten verhindert werden konnte.

1874 wurde das Schloss, inzwischen im Besitz der preußischen Finanzbehörde, versteigert und danach

Was für Hamburg die Außenalster, ist für Reinbek der Mühlenteich: In der Parklandschaft rund um die aufgestaute Bille reiht sich Villa an Villa mit dem Schloss als architektonischem Höhepunkt.

zum Hotel ausgebaut und als solches bis zum Ende des Ersten Weltkriegs betrieben. Erhebliche Eingriffe in die historische Bausubstanz waren die Folge, allen voran die Schließung der markanten Arkadengänge des Innenhofes. Nach weiteren Verkäufen und Nutzungen als christlich geprägtes Erholungsheim ab 1919, als Reichsinstitut für ausländische und koloniale Forstwirtschaft ab 1939, als Flüchtlingsunterkunft nach dem Krieg, später als Bundesforschungsanstalt für Holz- und Forstwirtschaft erwarben 1972 die Stadt Reinbek und der

Landschaftliche und architektonische Schönheit bilden mit Schloss und Mühlenteich in Reinbek eine harmonische Einheit, die im weiten Umland Hamburgs ihresgleichen sucht.

Kreis Stormarn das Gebäude mit der Absicht, es für kulturelle Zwecke zu nutzen. Die aufwändige, zehn Millionen D-Mark teure Restaurierung durch den Architekten Horst von Bassewitz (*1932 – †2020) versetzte das Schloss 1977 bis 1987 wieder weitgehend in den Zustand des 17. Jahrhunderts. An- und Umbauten wurden beseitigt, die Arkaden geöffnet, originale Wand- und Deckenmalereien freigelegt und der Schlosspark wurde angelegt. Er grenzt landschaftlich reizvoll an den Mühlenteich und das Billetal, das von hier bis zur Grander Mühle seit 1987

Die Bille wird im Vergleich zur Alster und zur Elbe meist unterbewertet, doch bietet sie – wie hier am aufgestauten Mühlenteich in Reinbek – sehr viel Abwechslung und durchfließt mit ihrem 65 Kilometer langen Lauf wunderschöne Landschaften.

Das liebevoll historisch eingerichtete Jagdzimmer im ersten Stock des Reinbeker Schlosses. Es kann bei einem Rundgang besichtigt und auch für kulturelle Veranstaltungen genutzt werden.

Das Renaissance-Schloss ist seit der Umwidmung zum Kulturzentrum 1988 der kulturelle Mittelpunkt Reinbeks und lädt auch gastronomisch zum Verweilen ein.

als Naturschutzgebiet ausgewiesen ist. Seit 1988 steht Schloss Reinbek als Kulturzentrum der Öffentlichkeit zur Verfügung und bietet eine stadtgeschichtliche Ausstellung, wechselnde Kunstausstellungen sowie vielfältige Veranstaltungen, Räume für Hochzeiten und Tagungen.

Burg Wentorf

Das Schicksal der 65 Meter langen und 35 Meter breiten Anlage liegt völlig im Dunkeln

Knorrige Bäume und steile Geländekanten kennzeichnen den Standort der mysteriösen Burg Wentorf, über die fast nichts bekannt ist.

Es gibt Burgen, die liegen heute im zivilisatorischen Niemandsland, sind aber dennoch sehr gut erforscht und erstaunlich gut erhalten. Und dann gibt es Burgen wie Wentorf, die zwar inmitten einer prosperierenden Stadt liegen, über die aber so gut wie nichts bekannt ist, die archäologisch noch nie systematisch untersucht worden sind und deren obertägige Erhaltung nur rudimentär ist.

So haben selbst Anwohner und Ortskundige oft noch nie etwas von der einstigen Befestigung gehört. Immerhin zweigt von der Wentorfer Hauptstraße ein gut 370 Meter langer Stichweg namens Am Burgberg ab, was doch deutlich auf die Existenz einer mittelalterlichen Befestigung hinweist. Vielleicht hat aber auch das Schloss Reinbek die Burg seit jeher in den Schatten gestellt, das nur 1.500 Meter weiter nördlich alle Aufmerksamkeit auf sich zieht.

Die Burganlage ist im Kern langoval bei ca. 65 Metern Länge und 35 Metern Breite und überragt die feuchte Niederung um fünf bis zehn Meter. Umgeben ist sie von einem – wie es in der Beschilderung heißt – „flachen Wall“, was eher auf einen einst steilen Wall hindeutet, der im Laufe der Jahrhunderte nur

Zu übersehen sind die Wälle der Burg Wentorf im Wald nicht. Allerdings haben sie bisher weniger Archäologen als vor allem Mountainbiker angezogen, die mutig über die Wallkanten springen.

erodiert ist. Eine östlich vorgelagerte Vorburg wird durch einen breiten und tiefen Graben abgetrennt, auch im Westen befindet sich ein Graben. Kleinere Grabungen um 1900 erbrachten mittelalterliches Fundmaterial, über das aber nichts weiter bekannt ist.

Das Schicksal der Burg liegt völlig im Dunkeln, auch wenn sie manchmal mit der Ersterwähnung Wentorfs in Verbindung gebracht wird. In einer Urkunde vom 24. Mai 1217 bestätigt Bischof Heinrich I. von Ratzeburg (reg. 1215 – 1228) der Kirche zu Bergedorf, dass Graf Albrecht II. von Orlamünde und Ratzeburg (*nach 1182 – †1245) sechs Hufen in Curslack, Börnsen und Wentorf von Abgaben und Diensten befreit habe. Die Urkunde sagt also nichts über das Alter Wentorfs aus und schon gar nichts über die Burg. Aus dem Ortsnamen Wentorf – *Wenden*dorf kann man zumindest eine wendische, also slawische Gründung ableiten, mehr aber auch nicht. Die Burg taucht vage erstmals 1272 in der urkundlichen Überlieferung auf, als ein Ritter namens Echardus Rowedder aus Lauenburg genannt wird, der in Wentorf Lehen erhält, darunter möglicherweise die Burg. Die Anhäufung von Vermutungen verdeutlicht, wie wenig über die Frühgeschichte Wentorfs bekannt ist. Erst in der zweiten Hälfte des 19. Jahrhunderts erwacht das alte Bauerndorf aus dem Dämmerschlaf der Geschichte, als der Eisenbahnbau und der nahe Bahnhof in Reinbek Wentorf zu einem beliebten Vorort von Hamburg werden lassen, der seit 1956 sogar den offiziellen Ortsnamen *Wentorf bei Hamburg* trägt.

Ortsregister

Personenregister

Verzeichnis der Burgen und Schlösser

Hamburg

Hamburg-Altstadt

Hammaburg
Domplatz
Domstraße/Alter Fischmarkt
20457 Hamburg

Neue Burg
Hopfenmarkt am Nikolaifleet
Willy-Brandt-Straße/Wölberstieg
20457 Hamburg

Bischofsburg
Museum Die Bischofsburg
Speersort 10 (Ecke Kreuslerstraße)
20095 Hamburg

Hamburg-Bergedorf

Bergedorfer Schloss
Bergedorfer Schloßstraße 4
21029 Hamburg

Hamburg-Billstedt

Spökelburg
Billstedter Hauptstraße 120
22117 Hamburg

Hamburg-Blankenese

Süllbergburg
Süllberg
22587 Hamburg

Hamburg-Harburg

Horeburg
Harburger Schloss
An der Horeburg 8
21079 Hamburg

Hamburg-Kirchwerder

Riepenburg
Kraueler Hauptdeich (Bushaltestelle Riepenburg oder Riepenburger Brack)
21037 Hamburg

Hamburg-Moorburg

Moorburg
Moorburger Elbdeich 167 und 169
21079 Hamburg

Hamburg-Neugraben-Fischbek

Burg Falkenberg
Falkenberg
Scharpenbargsweg
21149 Hamburg

Hamburg-Poppenbüttel

Burg Henneberg
Marienhof 8
22399 Hamburg

Herrenhaus Wellingsbüttel
Wellingsbüttler Weg 71
22391 Hamburg

Hamburg-Rönneburg

Rönneburg
Am Burgberg/Burggraben
21079 Hamburg

Hamburg-Sasel

Mellingburg
Mellingburger Alsterschleife
Abzweigung von Mellingburgredder 1
22395 Hamburg

Hamburg Wandsbek

Schloss Wandsbek
Wandsbeker Marktplatz
Wandsbeker Marktstraße/Schloßstraße
22041 Hamburg

Hamburg Wilhelmsburg

Amtshaus Wilhelmsburg
Museum Elbinsel Wilhelmsburg
Kirchdorfer Straße 163
21109 Hamburg

Hamburg-Wohldorf-Ohlstedt

Herrenhaus Wohldorf
Holländerberg
22397 Hamburg

Niedersachsen

Kreis Harburg

Alte Burg bei Hollenstedt
Wegverlängerung In der krummen Aue, rechts gelegen an der Este
21279 Hollenstedt

Schloss Winsen
Schloßplatz 4
21423 Winsen (Luhe)

Kreis Lüneburg

Burg auf dem Kalkberg Lüneburg
Abzweigung links von Am Kalkberg
21339 Lüneburg

Kreis Stade

Schloss Agathenburg
Hauptstraße
21684 Agathenburg

Burg Horneburg
Horneburger Schloss
Marschdamm 4
21640 Horneburg

Schleswig-Holstein

Kreis Herzogtum Lauenburg

Ertheneburg
Abzweigung bei Alte Salzstraße 7
21481 Schnakenbek

Herrenhaus Friedrichsruh
Holzhof (am Ende der Straße)
21521 Aumühle

Burg Kuddewörde
Zwischen St. Andreas-Kirche und Bille
Am Brink/Billeweg
22958 Kuddewörde

Schloss Lauenburg
Amtsplatz 6
21481 Lauenburg/Elbe

Burg Linau
Abzweigung links von Dorfstraße 8,
Richtung Billequelle
22959 Linau

Kreis Pinneberg

Hatzburg
Hatzburgtwiete 18
22880 Wedel

Drostei Pinneberg
Dingstätte 23
25421 Pinneberg

Kreis Stormarn

Schloss Ahrensburg
Lübecker Straße 1
22926 Ahrensburg

Burg Arnesvelde
Weg ab Parkplatz Ahrensburg West
(bei Weggabelung rechts) oder
Abzweigung von Hagener Allee
22926 Ahrensburg

Schloss Reinbek
Schloßstraße 5
21465 Reinbek

Burg Stegen
Abzweigung ab Stegener Allee 1
(bei Weggabelung links)
23863 Bargfeld-Stegen

Schloss Trittau
Zur Krim
22946 Trittau

Burg Wentorf
Am Burgberg 2
21465 Wentorf bei Hamburg

Verzeichnis der Museen Hamburg

Hamburg-Altstadt

Bischofsburg & Domplatz
Speersort 10
(Ecke Kreuslerstraße)
20095 Hamburg
T. 040 428712497
www.amh.de

Mahnmal St. Nikolai
Willy-Brandt-Straße 60
20457 Hamburg
T. 040 46898040
www.mahnmal-st-nikolai.de

Hamburg-Bergedorf

Museum für Bergedorf und die Vierlande
Bergedorfer Schlossstraße 4
21029 Hamburg
T. 040 428912509
www.bergedorfer-museumslandschaft.de

Hamburg-Duvenstedt

Kleinbahn-Museum Wohldorf
Schleusenredder 10
22397 Hamburg
T. 040 554 211 0
www.vvm-museumsbahn.de

Hamburg-Harburg

Archäologisches Museum Hamburg
Museumsplatz 2
21073 Hamburg
Harburger Rathausplatz 5
21073 Hamburg
T. 040 428712497
www.amh.de

Harburger Schloss
An der Horeburg 8a
21073 Hamburg
T. 040 428712497
www.amh.de

Hamburg-Poppenbüttel

Alstertal-Museum im Torhaus
Wellingsbüttler Weg 75a
22391 Hamburg
T. 040 5366679
www.alsterverein.de

Hamburg-Rotherbaum

MARKK
Museum am Rothenbaum
Rothenbaumchaussee 64
20148 Hamburg
T. 040 4288790
www.markk-hamburg.de

Hamburg-Wandsbek

Heimatmuseum Wandsbek
Böhmestraße 20
22041 Hamburg
T. 040 684786
www.wandsbek-museum.de

Hamburg-Wilhelmsburg

Museum Elbinsel Wilhelmsburg
Kirchdorfer Straße 163
21109 Hamburg / Wilhelmsburg
T. 040 31182928
http://www.museum-wilhelmsburg.de

Niedersachsen

Kreis Harburg

Freilichtmuseum am Kiekeberg
Am Kiekeberg 1
21224 Rosengarten-Ehestorf
T. 040 7901760
www.kiekeberg-museum.de

Heimatmuseum Winsen
Museum im Marstall
Schloßplatz 11
21423 Winsen (Luhe)

Ausstellung im Schlossturm (nur mit Führung)
Schloßplatz 11
21423 Winsen (Luhe)
T. 04171 3419
www.museum-im-marstall.de

Kreis Lüneburg

Museum Lüneburg
Willy-Brandt-Straße 1
21335 Lüneburg
T. 04131 7206580
www.museumlueneburg.de

Kreis Stade

Handwerksmuseum Horneburg
Marschdamm 2c
21640 Horneburg
T. 04163 6320
www.handwerksmuseum-horneburg.de

Schlossmuseum Agathenburg
Hauptstraße 45
21684 Agathenburg
T. 04141 54220
www.schlossagathenburg.de

Schleswig-Holstein

Kreis Herzogtum Lauenburg

Bismarck-Museum
Am Museum 2
21521 Friedrichsruh
T. 04104 9639344
www.bismarck-stiftung.de

Schloss und Schlossturm Lauenburg
Amtsplatz 6
21481 Lauenburg/Elbe

Kreis Pinneberg

Pinneberg Museum
Dingstätte 25
25421 Pinneberg
T. 04101 207465
www.pinnebergmuseum.de

Stadtmuseum Wedel
Küsterstraße 5
22880 Wedel
T. 04103 13202
www.wedel.de/kultur-bildung/museen-ausstellungen/stadtmuseum

Kreis Plön

Freilichtmuseum Turmhügelburg Lütjenburg
Nienthal
24321 Lütjenburg
www.turmhuegelburg.de

Kreis Stormarn

Schloss Ahrensburg
Lübecker Str. 1
22926 Ahrensburg
T. 04102 42510
www.schloss-ahrensburg.de

Schloss Reinbek
Schloßstraße 5
21465 Reinbek
T. 040 72750811

Bildnachweis/Impressum

Titelfotos v.l.n.r.:
Schloss Agathenburg, Schloss Reinbek, Burg Linau, Amtshaus in Wilhelmsburg, Burg Falkenberg

Alle Bilder Michael Zapf, Hamburg, außer:
Archäologisches Museum Hamburg S. 22/23, 24, 88/89, 102, 238 o., 238/239; Archiv Ellert & Richter, Hamburg S. 246; Illustration: R. Warzecha, AMH S. 34/35, 48/49; Museumsstiftung Lüneburg S. 174/175; Niedersächsisches Landesarchiv – Staatsarchiv Wolfenbüttel, Inv. Nr. VII B Hs 129, fol 47v. S. 177; Otto-von-Bismarck-Stiftung S. 318/319; Staatsarchiv Hamburg S. 62/63, 72/73 (720-1/343-1/C0008472); Stadtarchiv Lauenburg/Elbe S. 192/193; Wikimedia S. 69 (Rabanus Flavus), 99 (Budelmütze), 189 (Hic et nunc), 231 (pincerno), 247 (Billewanz), 323 (Jordi)

Bibliografische Information der Deutschen Nationalbibliothek
Die Deutsche Nationalbibliothek verzeichnet diese Publikation in der Deutschen Nationalbibliografie; detaillierte bibliografische Daten sind im Internet über
http://dnb.d-nb.de abrufbar.

ISBN 978-3-8319-0842-4

Der Verlag dankt folgenden Stiftungen für die großzügige Förderung dieses Buchprojekts:

Johann Max Böttcher-Stiftung, Hamburg

KUNSTSTIFTUNG
CHRISTA UND NIKOLAUS SCHÜES

Text und Bildlegenden: Rainer-Maria Weiss, Hamburg
Fotografie: Michael Zapf, Hamburg
Gestaltung: BrücknerAping Büro für Gestaltung, Bremen
Gesamtherstellung: ADVerts, Riga, Lettland

www.ellert-richter.de
www.facebook.com/EllertRichterVerlag
www.instagram.com/ellert_richter_verlag